西郷隆盛と〈東アジアの共生〉

Ko Daesung
高大勝

社会評論社

西郷隆盛と〈東アジアの共生〉●目次

まえがき……9

まえがき

今年は、日本が朝鮮半島を植民地にした「韓国併合」（一九一〇年八月）から一世紀を数える。維新後、明治新政府は徳川幕府が二六〇年間維持してきた隣国との友好関係を壊し、朝鮮を侵略する方向に舵を切った。三六年間に及ぶ植民地統治が残した傷跡は深く、朝鮮民族が受けたダメージは計り知れない。解放（一九四五年八月一五日）後、半島は大韓民国（韓国）と朝鮮民主主義人民共和国（北朝鮮）と、南北に分断され、民族は同胞相殺す内乱（朝鮮戦争・一九五〇～五三年）の惨劇を体験する。「東西冷戦」が招いた日本と北朝鮮との敵対関係は、半世紀以上も続いており、国交は未だに成立していない。

二〇〇九年九月に成立した民主党政権は、「東アジア共同体」構想を唱え、一〇〇年に及ぶ支配と対立の歴史に幕を下ろし、地域の平和と繁栄を共同で模索する意志を表明した。明治維新後、「脱亜入欧」のスローガンを掲げ、欧米重視に徹した日本外交における大転換を意味する。一三七年前、朝鮮使節に手を挙げ、東アジア三国同盟を目指した西郷隆盛の望み、一〇一年前、ハルビンで伊藤博文を暗殺（一九〇九年一〇月二六日）した安重根《アンジュングン》の主張（東洋平和論）に沿う道であることも見過ごしてはならない。五月、韓国・済州島で行われた日本・中国・韓国三ヵ国首脳会談でも、「東アジア共同体」の建設を推進する意志が確認された（共同報道文・二〇一〇年五月三〇日）。「戦争の世紀」であった二〇世紀の痕跡を払拭し、二一世紀に相応しい地域の平和と発展を目指す一歩が踏み出されたが、日本と北朝鮮との間には、「核」と「拉致」など、難題が横たわっており、道程《みちのり》は決して平坦ではない。民主党政権が推し進める「高校の授業料無償化」から朝鮮学校（外国人学校の中で唯一）が排除されたのもその一例である。本籍を韓国に置きながら、外国人登録証明書上の「朝鮮籍」を有する人々の存在など、在日コリアンが歩んだ特異な歴史、今後も日本に住む子供たちの将来を鑑みると、朝鮮学校の生徒だけを差別するのは如何なものであろうか。阿部浩己《こうき》は、朝鮮学校の処遇を「国際人権基準」に照らして、評価されるべき「日本自身の振る舞い」として捉えている（「朝鮮学校の排除はどこが問題なのか」『世界』二〇一〇年五月号）。政治と切り離し、教育問題として、冷静に処理することで、在留外国人との「共生」を図り、「東アジア共同体」に向けた環境を整備する意志を明らかにするのが望ましいのではないだろうか。

一〇〇年に及ぶ日本と朝鮮半島の不幸な関係の淵源は、明治初期の日朝国交交渉、そして交渉頓挫を口実にした「征韓論の変」（一八七三年一〇月）にあると、筆者は考える。明治新政府が、前政権（徳川幕府）の政策を踏襲し、平和外交を推進していれば、何の問題も生じていない。大久保利通は、「内治優先」を口実に、使節派遣の閣議決定を不法に覆し、ライバル西郷隆盛を政府から追い出すと、朝鮮半島に対する侵略行動にゴーサインを出した。江華島《カンファド》事件（一八七五年九月）を意図的に起こし、朝鮮に開国（日朝修好条約・一八七六年二月）を強要した手際は、「ペリーの黒船」（一八五三年）の再現である。大久保（一八七八年暗殺）の遺志は、「征韓論の変」で暗躍した伊藤博文に受け継がれ、勝海舟が〝伊藤さんの朝鮮征伐〟と揶揄した日清戦争（一八九四年）に行き着く。伊藤は、欧米列強に日本の支配権を認知させた日露戦争（一九〇四年）の勝利を機に、「乙巳《ウルサ》保護条約」（第二次日韓協約・一九〇五年一一月）を強制的（軍事的威圧）に締結させるなど、「併合」（一九一〇年八月）の下準備を行った。朝鮮侵略の主要な部分を大久保と伊藤が担った事実を踏まえると、彼らこそが「征韓論の巨塊」であったと言えるかもしれない。

外務大臣、アメリカ、フランス大使を歴任した石井菊次郎は、八〇年前に上梓した『外交餘録』（岩波書店・一九三〇年）において、「明治維新の外交は誠に殺風景に始った。先ず起った問題は征韓論であった。日韓旧交を再開せんとの我提議が大院君《テウォングン》の肘鉄砲に逢ったからと云って、征韓の師を興さんとしたのは、ペリー提督が大砲を向けて我に修交通商を申込みたる筆法を見習った積りかは知らないが、ペリーの大砲は一時の方便であって、真面目に戦争をする気はなかったのに、征韓論者は躍起であった」と、明治外交の実態を喝破している。残念なことに、約四〇年間、外交の第一線で活躍した人物の卓見は、薩長藩閥政府が流布した「歴史のウソ」で揉み消されてしまった。日本の国書を受け取らない朝鮮の態度を「無礼」と決めつけ、侵略を正当化した〝キャンペーン〟の後遺症は重い。教科書など、歴史書が、一様に、日本商人が行った密貿易の事実には触れず、日本を「無法の国」（可謂無法之国）と告発する東莱府《トンレブ》の伝令書を断片的に伝えることで、朝鮮に対するマイナス・イメージを増幅させてきた。未だに、「時代遅れの国が植民地となるのは必然であった」と考える日本人が多いのも、その影響にほかならない。維新の英雄・西郷も「歴史のウソ」に塗れている。明治政府は、西南戦争で「逆賊」となった西郷を「征韓論の先駆者」として〝復活〟させ、政治利用した。「上野の西郷さん」を称えた歌（東京銅像唱歌・一九一一年）には、「今朝鮮が我が有となりしも翁《おきな》の素心」とある（翁は西郷を指す――筆者注）。西郷が、朝鮮に出かけ、「向こうで死ぬ気でいた」として、不平武士の不満を解消する戦争を目論んでいたと説く識者も少なくない（石原慎太郎『私の好きな日本人』幻冬舎）。コリアンの西郷評も歪んでいる。「征韓論の変」が国内の政治事件に留まり、外交問題化しなかった状況を踏まえると、朝鮮政府が正確な情報を得ていたのかは疑わしい。当時のコリアンが西郷隆盛という人物を知っていたのかも甚だ疑問である。植民地時代に培われた反日感情に流され、具体的内容を検証しないまま、「征韓論を唱えた」という通説を鵜呑みにしてきた感は否めない。

「東アジア共同体」構想を実現するためには、植民地統治が残した〝負の遺産〟と真正面から向き合う必要がある。二〇〇二年に行われたサッカーのワールド・カップ日韓共催に代表されるように、一世紀の間に〝増殖〟された敵対感情は薄らぎつつあるが、完全に払拭されてはいない。日本が、加害者として、東アジアで犯した「罪」を真摯に反省することが鍵である。侵略の歴史を「不幸な過去」という表現にすり替え、その責任を回避しては、被害を受けた国々の信頼を得られない。正しい歴史を後世に伝える努力が、国民レベルの相互理解を深め、共同体の基盤を築く。ヨーロッパ連合（ＥＵ）におけるドイツのように、日本も侵略の歴史を隠さず、真正面から捉えることで、二度と過ちを繰り返さないという国民合意を形成しなければならない。藤井宏昭は、「日本人は日本の伝統文化の素晴らしさとそれが二一世紀の世界の人々の与え得る貢献の可能性の大なることを認識して、日本の過去と和解する必要がある。その際、大切なことは過去を唯美化せず、日本の犯した過ちをも自らの問題として直視することである」と指摘する（『日本のアイデンティティ』日本国際フォーラム叢書）。日本に歴史と真摯に向き合う覚悟があれば、東アジアの人々は、未来を見据え、「共生」の道を歩むことを躊躇しない。一九世紀、東アジアの平和を望んだ西郷の真意を検証することも、二一世紀に相応しい「共生」を実現する下地となるのではないだろうか。

本書は、コリアンの視点から、明治初期における日朝関係の実態を検証し、「征韓論の変」に対する理解を深めることを目的とした。今まで見過ごされてきた事実を追い、国交交渉の推移（第一章）を見直すことで、朝鮮の「非」を口実にした明治外交の問題点を浮き彫りにする。「征韓論の変」については、多くの学者、作家によって、語り尽くされている状況を鑑みて、概要（序章）と通説に対する反論（第三章）に留め、西郷隆盛が朝鮮使節に手を挙げた真意とその背景（第二章）に的を絞った。近年、日本と韓国において歴史の共同研究が進み、少なからず成果を挙げている。「征韓論」についても、日本国が分散・割拠から新たな統一に向かう変革期にきまって唱えられ、その原因も朝鮮側ではなく、日本の国内事情にあるという認識が深まった。清水昭三は、「対朝鮮とのかかわりの中で、今なお正視すべきはあの国是の如きかつての『征韓論』である。またこれを行動として実現してしまった『韓国併合』とその消えぬ波紋のことである。けれども、こうした日本人としてまことに恥ずべき思想や行動を可とせず、抗議の諫死を遂げた人物が、たった一人存在していたのは、なんという救いであったろう。その人物こそ草莽の士で、西郷隆盛と生き方として対等の関係にあった横山安武である」と、「征韓論」の非を鳴らした人物の存在に言及している（『西郷と横山安武——幕末維新の光芒』彩流社）。命を賭し、維新政府の朝鮮外交に異を唱えた横山安武の行為は貴い。田山正中《せいちゅう》も、『征韓評論』（佐田白茅編）において、イギリスなど、欧米列強が日本の手足を縛り、うまい汁を吸い続けている状況に触れ、「同じ事を朝鮮に勧めて強要しようとするのは、我々の失敗を繰り返させることになる。もし自分が朝鮮人ならば、どうしてこれを心配しないでおられようか」と言い切っている（『明治文化全集・第二四巻・雑史編』明治文化研究会編）。支配と対立の歴史に抗して、日朝両国の「共生」を唱えた人々の存在を掘り起こす動きが活発になっている状況は非常に喜ばしい。本書が、明治政府が流布した「歴史のウソ」に惑わされてきた状況に終止符を打ち、歴史認識の共有を促す一助となることを願うばかりである。

序章…「征韓論の変」

一八七三（明治六）年一〇月、閣議（正院評議）が朝鮮問題を討議し、五人の参議（西郷隆盛、江藤新平、板垣退助、副島種臣、後藤象二郎）が辞職した。「征韓論の変」と呼ばれる、明治日本の進路を決定づけた一大政治事件である。外交使節の派遣を求めた西郷、「内治優先」を説き、使節派遣の延期を主張した大久保利通と、その双方が「征韓」（朝鮮出兵）を唱えていない事実を踏まえると、「征韓論の変」（以下「政変」と表記）という表現は正鵠《せいこく》を射ていない。評議の核心は、「西郷使節」の是非であり、「征韓」の是非ではなかった。「征韓」を主張する西郷に、大久保が異を唱え、袂を分かったとする通説では、「速に天下の方向を一定し、使節を朝鮮に遣し、かの無礼を問い、彼、もし服せざる時は罪を鳴らして、攻撃、その土、大いに神州の威を伸張せんことを願う」（『木戸日記』一八六八年一二月一四日）と、〝速やかなる征韓〟を持論とした木戸孝允《たかよし》が、西郷に与せず、大久保の肩を持った評議の結果に説明がつかない。「政変」四ヵ月後（一八七四年二月）、大久保は「朝鮮遣使に関する取調書」（大隈と連名で）を閣議に提出した。「朝鮮遣使の事すでに廟議一決せり、よってここにその目的を達しその序を追わんがため、数名を選び（朝鮮に）渡航せしむべし」（冒頭）と、四ヵ月前、政府を分裂させた使節派遣案を実行に移そうとしている（実現せず）。大久保が否《いな》としたのが、「使節派遣」そのものではなく、「西郷使節の派遣」であったのは疑いない。

「政変」の本質は、国交交渉を口実にした「政敵対抗の行為」である（池辺三山『明治維新三大政治家』中公文庫）。平和外交を説く西郷の真意をよそに、「外征」志向と「内政」重視の路線対立にすり替えられ、〝冒険的な夫〟（西郷）を〝用心深い妻〟（大久保）が諫める虚構のイメージが創り出された。大久保が朝鮮問題を利用し、西郷を政府から追い出した熾烈《しれつ》な権力闘争の真相を見据えない限り、日清・日露戦争を経て、朝鮮半島を手中に収め、アジア大陸に覇を唱えた侵略の歴史と、大久保の「遺産」を受け継ぐ現代日本の姿を正しく捉えることはできない。

一八七三年五月、釜山《プサン》にある倭館《ウェグアン》（迎賓館に相当する外交・通商用の施設）に貼り出された掲示文が、日本を「無法の国」と侮辱しているとして、閣議が開かれた（六月という）。即時出兵を主張した板垣退助に対して、西郷は使節派遣を説き、了承を取り付ける（八月）。岩倉使節団の帰国後に開かれた閣議（一〇月）で、外交使節の速やかな派遣を求める西郷と、戦争誘発の可能性を口実に、使節派遣の延期を唱えた大久保が対立するが、西郷使節の派遣が決定された（一五日）。太政大臣三条実美《さねとみ》の「発病」（一八日）を機に、閣議決定と異なる意見（太政大臣代理岩倉具視《ともみ》）が上奏（二三日）され、使節派遣は幻に終わっている。〝宮中クーデター〟以外の何物でもない。閣議決定がそのまま裁可され、西郷の首脳外交が実現していたら、後の不幸な歴史とは異なるストーリーが展開されたのは容易に想像がつく。好条件による連携によって、両国の政情が安定すれば、日本が台湾出兵を強行する必要性も排除できたのではないだろうか。東アジア三国が協調し、欧米列強と対抗する壮大なドラマの幕が開き、日本の存在感が大きくなったのは想像に難くない。

後世の造語

「政変」当時の交渉相手は「朝鮮《チョソン》」（一三九二年建国）であり、「政変」の二四年後（一八九七年）に「大韓帝国《テハンチェグク》」（韓国）へ国名変更された。「政変」の三三年後（一九〇六年）に上梓された『岩倉公実記』は、「朝鮮国遣使に付閣議分裂の事」に触れ、「是に至り内閣の葛藤始めて断つ。世に之を征韓論と謂う」と記している。〝宮中クーデター〟のキーマンとなった人物の事績を讃える記録によって、政変劇が「征韓論」に位置づけされた事実は示唆に富む。

朝鮮半島において、「韓」の字が種族や領域を指す言葉として登場するのは、馬韓《マハン》・弁韓《ピョナン》・辰韓《チナン》の三韓《サマン》時代（三～四世紀）である。本来は種族名であるが、国名と同義に理解されてきた。三韓以降、大韓帝国が誕生するまで、李氏朝鮮（約五〇〇年間存続）を含め、約一五〇〇年間、「韓」の字を冠した国家は存在していない。魏志伝《ぎし》の「韓伝」など、中国の史書が「韓」の表記を使っている。日本では、『日本書紀』（神功皇后《じんぐう》の新羅《シルラ》征討物語）が、新羅・高句麗《コグリョ》・百済《ペクチェ》を「三韓《みつのからくに》」と記していることから、江戸時代に「神功皇后の三韓《さんかん》征伐」という表現が作り出された。国定教科書（一九〇三年）に載せられ、朝鮮侵略を正当化するスローガンとして利用された歴史は良く知られている。

明治維新後、皇国思想（皇国日本を世界万国の大本、宗主とする考え方）に染まり、「三韓征伐」にシンパシーを覚える人々は、国書を受理せず、日本に「恥辱」を与えた朝鮮は「不倶戴天の敵」であり、これを伐たなければ、「皇威が立たない」と、「征韓」を唱えた（佐田白茅《はくぼう》建白書・一八七〇年三月）。その延長線上で、使節派遣を求めた西郷の意図が「征韓論」に歪曲されている。一九〇八年に刊行された『西南記伝』（国龍会本部編）は、「征清と云い、征露と云い、未だ嘗《かつ》て源を南洲の征韓論に発せずんばあらざるなり」と、日本帝国主義の淵源を西郷に求めた（序言）。日露戦争の勝利によって、朝鮮半島に対する特殊権益を国際的に「認知」させた明治政府が、植民地化へ向け、走り出した時代背景に呼応している。

根拠のない「無礼」

通説は、国交樹立を拒否する朝鮮政府の「無礼」によって、「征韓論が澎湃《ほうはい》した」と説くが、事実と整合していない。日朝国交交渉は、利害が衝突する外交交渉としては、極めて自然な形で推移しており、「征韓」を唱えたのは一部の政治家、官僚に限られていた。朝鮮政府は、徳川幕府に対する信義と明治新政府への不信感の狭間で揺れ動くが、「礼の外交」（礼を以て、交渉に臨む国には、礼を以て、答える）を堅持している。南延君《ナミョングン》（執政大院君《テウォングン》の父親）の墓を盗掘（一八六八年五月）した西洋人と通ずる日本（和洋一体）に対する嫌悪、恐れから、交渉に時間を掛けているが、国交樹立を拒否してはいない。その姿は、攘夷論と外圧（開国要求）の板挟みになった幕末日本と重なる。「異国船打払《うちはら》い令」（一八二五年）から外国船に燃料を提供する「薪水《しんすい》給与令」（一八四二年）へと、対応が変わるまで一七年の歳月を要した。「ペリーの黒船」が来航（一八五三年）した際も、国書受取りを翌年まで、通商条約の締結（安政五ヵ国条約・一八五八年）を四年後まで引き延ばす「ぶらかし」策を用いている。「ぶらかし」（愛知県知多郡の方言で吊るすを意味し、英語のサスペンド――suspendに相当する）とは、「俗に申《もうす》ぶらかすと云《いう》如く、五年も一〇年も願書を済《すま》せるともなく、断るともなくいたし」とあるように、態度を曖昧にし、時間稼ぎをする「弱者の知恵」以外の何物でもない（『水戸藩史料』水戸斉昭《なりあき》の手記から）。軍事力を背景にする外圧を受けた側に共通する外交行動ではないだろうか。日清戦争前後に外務次官を務めた林董《ただす》は、「韓国及び清国の外務に関係せる官吏の態度」を見るに、「唯一日一日と姑息手段を取るの外に道なかりし」と、ぶらかし策に手を焼いた体験に触れ、幕末期の外国奉行と「皆同一轍《てつ》に出るが如し」と述懐している（『後は昔の記他――林董回顧録』平凡社東洋文庫）。

日朝双方は、激しい議論を交わすも、交渉のテーブルを蹴ってはいない。上海の英字新聞

「ノース・チャイナ・ヘラルド」（一八七二年一一月一四日付）は、「この交渉を、双方とも完全に礼儀正しく敬意を持って執り行ってきたこと、それはおそらくどちらにとっても、極めて満足できるものとは言えないまでも、いわゆる朝鮮からの報道が示唆するような深刻な見解の相違を懸念させるようなものでは全くなかった」と、当時の状況を伝えている。事実、「皇」、「勅」の表現が物議を醸《かも》した国書問題も、「政府レベル」の外交文書に替えることで、クリアーされていた（後述）。外務少丞《しょうじょう》として、交渉（一八七〇年一二月から一年半）に携わった吉岡弘毅《ひろき》は、左院に提出した建白書（一八七四年二月二〇日）において、朝鮮政府が日本の「国書」を裂き、「矯慢無礼の答書」を突きつけたなど、「浮説の如き無礼」はなかったと明言している（牧原憲夫『明治七年の大論争』日本経済評論社）。

「政変」以前、国交交渉を主管する外務省には、国書の受け取り拒否は「不敬至極」であり、「戦端を開くべき辞柄」とする強硬論と、対馬藩が交渉を担ってきた、勅使を派遣した訳ではない、直ちに開戦する理由がないとする穏健論と、硬軟両論が存在した。清国との交渉を先行させる方針（日清修好条約締結・一八七一年七月）は、明治政府の「冷静な対応」を証明している。朝鮮出兵を担保する軍事力の欠如が背景にあるのは想像に難くない。英国公使パークスは、外務省員カリーに送った半公信（一八七三年一一月二日付）において、「そもそも日本には、戦争に必要な陸軍も海軍もないし、また十分な組織力もない」と指摘している（萩原延壽《のぶとし》『大

分裂　遠い崖――アーネスト・サトウ日記抄10』朝日新聞社）。

情報の遮断

新聞の発行（一八七〇年三月以降）が相続き、政府の動向が報道されるようになった後も、遠隔の地（釜山《プサン》）で行われている外交交渉が新聞ネタになるのは稀だった。「政変」が起きた一八七三年の一月から八月までに限っても、朝鮮問題に関する記事は皆無に等しい。「此頃市街湯屋髪結床等にての説に、日本と朝鮮と矛盾の事起り、寅の年の男子を徴して、兵と為し、朝鮮に役せしむると。是に於て其年に当れる男子は為に懼怖《ぐふ》し、其父母たる者は大に患苦す」と報じた「東京日日新聞」（二月一二日付）の記事一件だけである（毛利敏彦『明治六年政変』中公新書）。国民が日朝交渉の情報から遮断されていたのが実態であり、「征韓論が澎湃した」状況には程遠い。

政府の大分裂が、国民の関心を呼んだ。「新聞雑誌」（一一月）は、「先月来朝鮮を伐《う》つの説世間に起こり、議士論客紛々として喧《かまび》しく、したがって書生或いは商人に至るまでこれを主張するあり、またはこれを排する者ありて、中にも兵卒の壮者は久しく無事に苦しみおりたりし処、日本兵を海外に出せしは豊公以来始めての挙なれば、いよいよ快極めりなどいい、切歯の余りすでに隊を脱せんとする勢いの由なりしが、廟議の許されざることありしや、頃日《けいじつ》その議論もやや鎮静に及べり」と、当時の状況を報じている。維新の立役者・西郷の動向と絡み、話題となったのは言うに及ばない。「やや鎮静に及べり」と指摘されているように、朝鮮問題に対する国民の関心は根強いものではなかった。当時の重大関心事は、漂流琉球漁民五四人が台湾原住民に殺害（一八七一年一二月）されたのを機に、外交懸案となった台湾問題である。現代人の感覚からしても、五四人の死者が出た事件の衝撃は大きい。熊本鎮台司令官谷干城《たてき》は、桐野利秋（前任者）が、在職中、樺山資紀《かばやますけのり》（鹿児島分営長）を台湾に派遣し、内情を調査させた事実に触れ、「早晩彼方（台湾）に事あるは余等の予期せしところなり。然《しか》れども内閣の分裂が征韓より起りしは、実に思い寄らざるなり」と、「政変」当時の心境を回顧している（『谷干城遺稿』）。出兵が閣議決定された場合、主役となる軍人をしても、「征韓」は喫緊《きっきん》の課題ではなかった。

佐賀征韓党

「征韓」を唱えた組織的活動の具体例は、佐賀征韓党に尽きる。民撰議院設立建白書（一八七四年一月）も、朝鮮問題には触れていない。「政変」二ヵ月後、佐賀市街の煙草屋で結党集会（一八七三年一二月二三日）が行われ、朝倉尚武、中島鼎蔵《ていぞう》、山中一郎（留学帰り）ら、征韓派士族が参加した。これ以前、佐賀県下において、「征韓」を主張した活動の形跡はない。中島鼎蔵が帰省（翌年一月中旬）し、江藤新平による党首就任の受諾と帰省、副島種臣の帰省に関する情報が伝わったのを機に、活動が本格化している。鹿児島へ波及する可能性を孕み、大久保政府を不安に陥れたのは想像に難くない。結党趣意書は、政府に「征韓」の決定を求め、先鋒を征韓党が務めると主張し、「露骨な侵略主義」を表明した（長野暹《すすむ》編著『「佐賀の役」と地域社会』九州大学出版会）。佐賀は、一六世紀に起きた「秀吉の侵略」（文禄・慶長の役――壬辰倭乱《イムジンウェラン》・丁酉再乱《チョンユチェラン》）の際、出兵基地（肥前・名護屋城）となった土地柄である。鍋島直茂・勝茂の出兵が、龍造寺氏から鍋島氏へ、支配権の移行を確実なものとした事実を踏まえると、江戸期を通して、侵略戦争に対する深刻な反省が行われなかったのは無理がない。

「征韓」のスローガンは、反政府行動の隠れ蓑《みの》である。薩長藩閥政府で冷遇された佐賀閥の不満に、閣議決定を不法な手段で覆した大久保に対する江藤個人の不信が重なった。大隈重信は、「事を外に」構えて、「薩長の権力」を打破しようとした江藤の意図を見抜いている（『大隈伯昔日譚《せきじつたん》』）。大久保の陣頭指揮によって、反政府活動は僅か一ヵ月で制圧（三月一日）され、江藤は、逃亡の末に、逮捕、処刑（梟首《きょうしゅ》）された。全国の大名（兵力一八万）を動員した太閤秀吉に比べると、パワー不足の感は否めない。制圧後、現地を視察した増田長雄議官（四月二九日）は、「征韓」を主張した有志の士は「患とするに足らず」と評価している。

「澎湃《ほうはい》」の構図

「政変」直前、石川県士族の忠告社グループが従軍願いを提出した。朝廷が、「朝鮮の謾言暴状を怒り」、問罪の軍を派遣することに決定したとひそかに聞く、ぜひ我々が先鋒隊となって「身命を朝廷に奉じ、骸骨《むくろ》を彼の土に曝《さら》し」、国威を輝かせたいと、記されている。「非公式ルート」(ひそかに聞く)から得た情報の精度を問う。板垣が出兵を主張した事実はあるが、軍隊の派遣が閣議決定された事実はない。〃流言飛語〃をもとに、政府に対する不満を露わにしたケースが少なくなかったのではないだろうか。「政変」後(一八七四年二月九日)に宮崎八郎(熊本士族)が提出した建白書は、朝鮮の「無礼」を非難し、文明開化といっても「宇内《うだい》の形勢」は「弱肉強食、互いに呑噬《どんぜい》を逞しく」しているにすぎない、我が国も「先ず近隣弱小未開の諸国に対し、我権利を張り、我威武を振い」、国力を蓄えていけば、やがて「欧米各邦に匹敵する権利」を確保できると主張した(前掲『明治七年の大論争』)。諸事実から、一.「政変」後、西郷が鹿児島へ帰ったことで、政府分裂の要因に対する関心が高まる、二.佐賀士族が「征韓」のスローガンを掲げる、三.各地の不平士族が呼応する、四.「征韓」関連の新聞記事が増える、という構図が浮かび上がる。

一八七五年九月に起きた江華島《カンファド》事件(意図的挑発を証明する史料発見・二〇〇二年)の影響は

計り知れない。「いたずらに征韓を口実として人民を煽動せんとするがごときは、神州の名義をいかんせんや、外国の嗤笑《ししょう》をいかんせんや」（九月二五日付）と、批判論を展開した「東京曙新聞」までもが主戦論に転向している。「今天下の人心はおおむね朝鮮の挙動に憤々として、単身海を渡らんとするの勢いあり。もし吾が政府において持重因循の処置をなし、民心と相反対せしむるは、恐らくは殺気の日本全島に充満して、砲声刀光の遠く朝鮮政府を驚攪《きょうがく》せしむるものあらんとす」（一〇月八日付）と、〝戦争辞さず〟の姿勢を隠していない。山県有朋を筆頭に、強硬論に傾く陸軍の動向（「評論新聞」一一月）、旧彦根藩士（八〇名）の従軍志願（「東京曙新聞」一八七六年一月二四日付）なども報道された。「政変」後、強硬論が噴出した状況を「政変」以前まで〝拡張〟し、「征韓論が澎湃した」という通説が作り出されたのではないだろうか。

絵に描いた餅

「政変」は、多くの謎と矛盾に包まれている。掲示文（毎日の伝令書）を議題とした閣議（正院評議）の開催日時は不明であり、議事録もない。伝令書（写し）の実物もなく、密貿易を禁じた朝鮮政府の対応を「無礼」と非難する日本の言い分も根拠に欠ける。繰り返すと、明治新政府には「征韓」を実行に移す能力がなかった。岡崎久彦は、「いろいろな歴史書を読んでみても、征韓論の国内事情の記述は詳細を極めているが、当時の国際情勢、特に、朝鮮国の内情や清韓関係の分析から征韓の実現性を論じたものは、寡聞にして全く知らない。だいたい、政策論を議論する場合は、まずそれが実現可能かどうかを見極めてから考えるべきもので、それがもともと実現不可能ならば、お互いに議論するだけ時間が無駄のはずであるが、それがそうでないのが不思議なところである」と指摘する（『陸奥宗光』ＰＨＰ研究所）。虚構を巡り、新政府が分裂し、明治日本が英傑西郷隆盛を失った不幸は語り尽くせない。筆者は、「征韓」の非現実性を以下の三点に求める。

一．朝鮮人の抵抗は大きい。「秀吉の侵略」が残した爪痕は深く、再び国土を犯そうとする意図が激しい抵抗を受けるのは明白である。士族兵一、二万を送り込んでも、釜山辺りで小規模の戦闘を起こすのが関の山ではないだろうか。英国公使パークスも、フランス（一八六六年一〇月）とアメリカ（一八七一年四月）の軍事挑発の失敗に触れ、「朝鮮人は三世紀前の秀吉の侵攻時にくらべて、ずっと好戦的である」と指摘している（前掲『大分裂　遠い崖――アーネスト・サトウ日記抄10』）。一八万の兵士を送り込み、失敗した秀吉のケース以上に悲惨な結果を招くのは容易に想像がつく。

二．国際的環境も厳しい。朝鮮では、「万東廟《マンドンミョ》」（明の神宗と毅宗のために建てられ祀堂）の撤廃（一八六五年）を手始めに、崇明事大を説く書院（塾）が全国規模（六〇〇ヵ所以上）で閉鎖（一八七一年）され、清国との関係が強化された。朝鮮が危うくなれば、清国が援軍を送るのは火を見るより明らかである。ロシアが介入した場合、樺太は勿論、北海道の防衛も覚束《おぼつか》ない。朝鮮に出兵し、列強を敵に回す選択は、草創期の政権を瓦解させる危険性を孕んでいる。

三、出兵に必要な経済力、軍事力がない。維新後、政治は安定せず、経済状況も深刻を極めている。輸入超過額が毎年一〇〇万両を超え、外債が五〇〇万両に達しており、近代的装備と共に、一〇万単位の兵士を海外派兵する資金がない。陸軍は、東京など、全国六ヵ所に鎮台を置いたが、その主要任務は国内警備である。軍事力の対外侵攻用改編（師団制）は、一八八八年（一五年後）まで待たなければならない。一八七三年の時点で、海軍（勝海舟大輔――卿欠員）が所有した艦船は、龍驤《りゅうじょう》（二五三〇トン）、筑波（一九七八トン）、日進（一四六八トン）、東（旧甲鉄、一三五八トン）など、僅か一七隻（計一万三八三二トン）である。幕末期における戦略家ぶり（兵站《へいたん》・経済に対する綿密な配慮）を踏まえると、軍を束ねる西郷が「征韓」の虚構を見抜いていたのは想像に難くない。

「内治優先」を唱えた大久保は、その舌の根が乾かないうちに、台湾征討（一八七四年四月）を行い、海外侵略の道を歩み出す。「評論新聞」は、「征韓の議を退けた者の理由に、内治が整わず外征を急ぐべきでない、まして経済が破綻する恐れがある、とあった。しかもその者たちが征台の役を起こし、一〇〇〇万円を失い、わずか五〇万丁銀（六〇万円）を得たにすぎぬとは何事だろうか」と、その豹変ぶりを批判している（上田滋『西郷隆盛の悲劇』中央公論社）。木戸孝允（参議兼文部卿）は、国民に何も知らせず、「夜盗」のように断行された出兵に抗議し、辞職した。

清国との交渉に際して、決裂を想定し、「宣戦発令順序条目」（一〇ヵ条）が作成されていた事実は看過できない。「宣戦に決したる時は、その旨趣、判然と天皇の詔書を以て布告すべきこと」（第一条）とし、西郷（陸軍大将）を召し出した上で、〝戦時内閣〟を組むことを決めている。大久保使節の派遣と、一年前、「使を遣わす日は、即ち戦を決める日」（岩倉意見書・一〇月二三日上奏）として、西郷使節の派遣を覆した事実との整合性が問われるのではないだろうか。「天皇の代行者」として、大久保が前代未聞の権限を有した事実も無視できない。「委任権限訓条」（五項目）には、「止む得ざれば、和戦を決するの権を有する事」と、大久保個人の判断で、戦争突入を決める権限が含まれている。

〝金のタマゴ〟

明治維新後、政策として、朝鮮侵略が否定されたことは一度もなく、澤宣嘉《さわのぶよし》（初代外務卿）、柳原前光《さきみつ》、佐田白茅など、外務官僚が「征韓論」の〝旗振り役〟を務めた。柳原は、朝鮮征服が、「皇国保全の基礎にして、後来万国経略進取の基本」として捉えている（「朝鮮論稿」一八七〇年）。

経済的窮状の打開案として、「征韓論」が唱えられた点は見逃せない。維新後、資本主義の原始的蓄積が乏しく、新政府の国造りが困難を極めていた状況から、短期間に産業資本の育成を可能にする海外侵略が現実的選択肢として急浮上した。鉄、石炭、木材、羊毛、綿花、食料など、戦略物資が少ない日本にとって、稀貴資源が豊かな朝鮮は垂涎の的であり、〝金のたまご〟である。佐田白茅建白書（前掲）は、フランス、ロシア、アメリカも「朝鮮の財貨」を狙っており、その「盗賊輩」に朝鮮を渡すと、「唇亡歯寒」（無防備になるの譬え――筆者注）になると、朝鮮侵略の必要性を説いた。金蔵であり、米麦もたくさん獲れる朝鮮を支配し、その民と財貨を徴収、利用すれば、北海道開拓費の数年分を捻出できる。三〇大隊をもって、朝鮮の王城を攻め、全土を占領すれば、「蝦夷呂宋琉球満清朝鮮もみな日本の藩屏」とすることができ、「征韓」に要する経費は六ヵ月で回収できると嘯《うそぶ》いた。兵士が多い国内状況（私闘、内乱の要因）から、彼らの「鬱勃《うつぼつ》の気」（さかんにおこる意気）を朝鮮に向かわせる不平士族対策としての一面も無視できない。事実、日朝修好条約の締結（一八七六年二月）を機に、多くの日本人が朝鮮の富に群がっている。低額関税、免税権、日本貨幣の使用など、諸々の特権を盾に、朝鮮で一旗挙げようとする日本人が急増し、条約締結時、五四人だった数は、二〇年後の一万二三〇三人を経て、併合の翌年（一九一一年）には、二一万人に達している。

「西郷は朝鮮で生きている」

「政変」から九年後、「西郷は朝鮮で生きている」と噂された。「東京曙新聞」（一八八二年二月一三日付）は、「西郷隆盛朝鮮に生存せりと噂して　西郷（従道）参議の開拓長官に恐怖　北海の天地再び叛旗に掩《おお》われん」と、北海道の民心を伝えている。城山で自刃した西郷は、生きて、朝鮮に潜んでいる、彼が朝鮮で叛旗を翻《ひるがえ》す時、弟（従道）も挙兵すべきと、人々は噂していた。

西郷が「征韓」を企てたと考える日本人が少なかったのではないだろうか。征伐の対象とした国へ亡命するなど常識では有り得ない。親近感を抱く国への亡命を考えるのが人間の常である。

一八九一年一一月、ロシア皇太子と共に、西郷が帰ってくるという浮説にも朝鮮が絡んでいた。噂の火元は、「鹿児島新聞」に掲載された緒形夫門（熊本県人）の投書である。「東京日々新聞」などに転載され、噂は全国に広まった。西郷軍に従軍し、行方不明になっていた緒形（一四年ぶりの帰郷）は、「（田原坂《たばるざか》の戦いの以後）官軍の追っ手を逃れて、朝鮮の鬱陵島《ウルルンド》に潜伏、隠れ住んでいた」と、近在の者に語っている（日高恒太郎『天皇・皇室事件史』新人物往来社）。

二つの事実は、当時の日本人が朝鮮を「身近な国」として認識していた証にほかならない。高杉晋作も、長州藩が幕府によって朝敵にされた時、藩を焦土にして戦い、もし敗れれば、「藩公父子をひっかついで、朝鮮へ逃げる」と語った（司馬遼太郎「産経新聞」大阪版一九六八年一月三日付)。朝鮮蔑視の風潮は、明治政府が半島に対する支配権を確立する過程で、意図的に蔓延《まんえん》させたものであり、幕末期の日本人とは縁が無い。日本が西洋近代と出会うまで、先進文化の多くは、朝鮮半島を通して、導入された。勝海舟は、朝鮮を「日本の御師匠様」と表現している(「国民新聞」一八九四年四月二五日付)。日枝《ひえ》神社の山王祭り、神田明神祭りなど、各地の祭礼において、朝鮮通信使の姿が再現されているように、庶民の朝鮮文化に対する憧憬は尽きない。与謝蕪村《よさぶそん》は、備前の浜で見た通信使を、「高麗《こま》船のよらで過ぎゆく霞かな」と詠んだ。葛飾北斎の代表作『東海道五十三次』には、冨士山をバックにした「原」と、清見寺での揮毫を描いた「由井」の二点、『冨嶽百景』には、「来朝の不二」の一点と、通信使を描いた作品が含まれている。日本橋の呉服店「白木屋」は、通信使が通過する際、顧客に酒、茶、料理を振る舞い、評判を博した(「白木屋永代記録帳」宝暦三年)。「お祭り見物」さながらに、通信使と接していた江戸市民の姿が目に浮かぶ。須田努は、「異文化コミュニケーション」がポジティブに機能した結果として捉えている(「江戸時代民衆の朝鮮・朝鮮人観」『思想』二〇一〇年一月号・岩波書店)。日本で初めて磁器を焼き、世界に誇る伊万里焼の礎を築いた李参平《イサムピョン》(金ケ江三兵衛)など、「秀吉の侵略」の際に、拉致されてきた朝鮮人が日本各地で「共生」し、活躍することで、「異文化コミュニケーション」の下地が作られていたのは想像に難くない。

第一章…日朝国交交渉の推移

通説は、明治新政府が、国書をもって、国交を求めたが、鎖国政策に固執する朝鮮政府の拒絶に合い、「征韓論」が起こったと説く。国交交渉を頓挫させた要因を朝鮮の「頑迷固陋《がんめいころう》」に求め、日本政府の「非礼」には目を背けてきた。木村直也は、「日本側が日朝関係を意図的に変革しようとしたニュアンスが感じられないか、希薄であり、むしろ朝鮮の鎖国政策などが国交不成立の理由と受け取れることになる」と指摘する（『歴史教科書をめぐる日韓対話』大月書店）。国内問題（政体変更）を外交の場に持ち込み、交渉相手の事情を無視した行為が、相互不信を生み、最終目標（国交樹立）の達成を阻んだ事実を踏まえると、明治政府の非は免れない。日本も、攘夷と開国を巡り、国内が混乱した経験を持つ。「ペリーの黒船」来航（一八五三年）から明治維新（一八六八年）まで、一五年の歳月を要した。「小中華」を自称する朝鮮の状況を考えると、東洋的秩序から西洋的秩序への移行は日本より難しい。「喧嘩状」に等しい国書を送った挙句、朝鮮に「時代遅れ」のレッテルを貼り、倭館の「接収」（事実は不法占拠）など、敵対行動に走った外交は稚拙の一語に尽きる。「朝鮮があくまで正規の外交を拒むならば、進んで撃ち、征服すべきである」と、軍事力行使を説く日本の論理は、「理不尽の自乗」以外の何物でもない（水沢周『青木周蔵』日本エディタースクール出版部）。

江戸期（約二六〇年間）、日本と朝鮮は「誠信」に基づく交隣関係を築いてきた。隣国同士が、これ程長い期間、大きなトラブルを抱えず、おおらかな関係を維持したケースは世界史上類例がない。ヨーロッパで、国家間の平等システムが形成されるのは一八世紀後半である。近代以前、国家同士が「対等」、「平等」の関係を結ぶのが困難な時期に、日朝両国は対等な関係を結び、交流を重ねた。朝鮮から日本へ木綿が、日本から朝鮮へ唐辛子が伝わったように、その成果が両国の文化を豊かにした事実は否定できない。

明治新政府は、徳川幕府の朝鮮外交を「旧弊」として捉え、その形式と内容を一方的に変更しようとした。外交の継続性を踏まえると、朝鮮政府が反発するのは無理がない。交渉相手の承諾を得ず、勝手にルールを変更すれば、その意図を疑われるのが自然である。ルール変更が受け入れられない場合に備え、実力行使を想定していた事実を鑑みると、喧嘩に持ち込むための「言いがかり」にすぎない。中山治は、「イギリスが清国に因縁を吹っかけて起こしたアヘン戦争ほどひどくはないにしても、難癖をつけて攻撃するという点ではまったく同じである」と指摘する（『日本人はなぜ多重人格なのか』洋泉社）。

「拒絶の意志なし」

朝鮮政府は、国交樹立を拒んではいない。花房義質《よしもと》外務大丞が、一八七二年一〇月、政府に提出した報告書「尋交商量渋滞の縁由概略」（『朝鮮事務書』巻一八）に触れる。倭館の「接収」（同九月）という強硬策を断行した外交官の報告だけに、示唆に富む。一．通信使の往来が途絶えたことで生じた両国間における意志疎通の欠如、二．日本政府が「無限の欲望」を抱き、西洋人と結託しているとの朝鮮政府の不信感、三．既得権を守ろうとする対馬藩の存在と、交渉停滞の原因を三点に求めている。その上で、「朝鮮政府は拒絶の意志を持っていない」、「国交樹立を忌嫌っていない」、「日本に対する軽侮の念もない」（既に拒絶逐斥の決心なく、又、交通を忌む意なく、素より軽侮の念あるにあらず）と結論づけた（姜範錫《カンボムソク》『征韓論政変』サイマル出版会）。少なくとも、「政変」一年前、西郷を含め、明治政府の要人が朝鮮の意志を確認していたことになる。

実際、両国関係は良好に推移していた。「政変」が起きた一八七三年に限っても、「草梁《チョリャン》館内総《すべ》て相変わらず」（六月二〇日）、「一体韓地内総て平穏」（七月九日）と、報告（広津弘信）されており、波乱の兆候はない（『朝鮮事務書』巻二二）。済州島《チェジュド》（大静郡《テジョングン》）に漂着した薩摩藩の宝恵丸（船頭甚兵衛他九名）の例を挙げる。『日省録《イルソンロク》』（国王の言動に関する記録）の六月一四日条によると、一名は行方不明となり、九名が救助された。彼らは、倭館の代官に引き取られ、無事帰国している（一一月）。通説が説くように、朝鮮政府が「侮日」の感情を抱いていたら、これほどスムーズに帰国できたのであろうか。外務大丞柳原前光《さきみつ》は、「政変」後（一二月）、朝鮮政府に「厚く感謝」するようにと、広津に指示している（『朝鮮事務書』巻二四）。両国関係が「征韓論」に整合する状況になかったのは疑いない。

外交交渉が最終目標の達成（国交正常化）に至らなかった責任は、程度の差はあるが、関係者全員にあると、筆者は考える。政治体制の変更に対する「説明責任」を怠り、二六〇年間積み重ねてきた伝統を一朝一夕に変えようとした日本、開国と攘夷の狭間で揺れ動いた朝鮮、両者を仲介した対馬藩と、三者三様の論理と利害が衝突し、交渉妥結を妨げた。一．明治新政府の誤った外交アプローチ、二．既得権益の確保を目指す対馬藩、三．時流に乗り遅れた朝鮮の攘夷、四．「征韓論を点火した歴史的文書」と、四点から、国交交渉が頓挫した要因とその経緯を検証してみたい。

一　明治新政府の誤った外交アプローチ

第一の要因として、外交上の齟齬《そご》を生んだ明治新政府のアプローチを挙げる。朝鮮との国交樹立を目指すのであれば、二六〇年続いた伝統を重んじ、相応の手順を踏む必要があった。初手から、「礼」を欠く国書を送るミスを犯し、倭館の「接収」など、強硬手段に訴えた外交的不手際は目に余る。交渉相手の反発を買い、相互不信のサイクルに陥る主因となった事実は否定できない。家の引っ越しに喩えてみる。日本人は、転居の際、隣近所に「引っ越しそば」（現在はタオルなど、日用品）を配るなど、気配りを示す。コミュニケーションを図るきっかけを作り、近所付き合いを円滑にする素晴らしい知恵、習慣である。明治政府の手法は、その気配りに欠けた。いきなり門戸をドンドンと叩きながら、「挨拶に来たぞ」と声を上げ、住人を驚かせたようなものである。礼を欠く転居挨拶には、「触らぬ神に祟りなし」と、居留守を使うに越したことはない。新参者に関する情報を集めた後、付き合い方を決めようと考えるのが人間の常ではないだろうか。一五年前、ペリーの「無礼な訪問」を受けた体験を生かし、気配りの外交アプローチをしなかったツケは大きい。

背景には、江戸期の日朝関係に対する理解の欠如がある。一八六八年一二月一一日、明治政府は、対馬藩（廃藩置県以前は厳原《いずはら》藩、名称を統一する）を通して、国書を送り、朝鮮政府に「大政一新」を通告した。朝鮮交際の家役を務める対馬藩の家老樋口鉄四郎は、大差書契（廟堂への上申と正式な回答を求める国書）を携え、朝鮮へ渡っている。「旧例」に基づき、交隣を結ぶ意志の表れであるが、国書が「旧例」に背いていた。形式上は、差出人（対馬島主宗義達《よしあきら》が左近衛少将平朝臣義達に）、宛名（礼曹参判《イエジョサムパン》大人が礼曹参判公に）、印鑑（旧来の図書が新印に）の変更がなされ、内容上も、「皇」、「勅」の字句が使用され、東洋的秩序で国家関係を律してきた経緯が無視されている。朝鮮政府にとって、二六〇年の伝統、慣例に背く国書は、「我を侮る意志」の表明であった。国家関係を律する外交の場において、相手国の思いを汲み取れない外交センスは問われるのではないだろうか。徳川吉宗は、八代将軍に就任した直後、朝鮮御用を務める土屋政直を召し出し、従来通り任せる旨を直接伝えたばかりか、「異国の儀は、別《わけ》て大切に思っているので、随分念を入れよ」と、念押しをした。明治新政府が、吉宗に劣らぬ慎重さをもって、問題を処理していれば、日朝関係は異なる軌道を描いたのではないだろうか。

「礼の外交」

外交上、「礼」は重要な意味を持つ。現代においても、法（国際法）、理念（平和）、道義（人道主義）と共に、国際社会における行動原理の一つをなす。同盟国、友好国間において、重要な案件を処理する際、相互に事前通告を行い、礼を尽くす。ビル・クリントン元大統領が北朝鮮を訪問（二〇〇九年八月四日）し、拘留されていたアメリカ人記者の釈放を実現する際も、日本政府には事前通知が行われていた。誤ったシグナルを送り、緊密な日米関係を損なわないためであるのは言うまでもない。

朝鮮は、儒教を奉じる「礼」の国である。外交とは礼儀であり、礼を表現する場と捉える傾向が強い。礼曹《イエジョ》（曹《ジョ》は日本の省に相当）が外交を司る所以《ゆえん》である。「礼の外交」が「安価な安全保障のための装置」として機能する東アジアの特殊事情も外せない。「礼の外交」を守っている限り、国家間の緊張状態は回避され、結果、国家の軍事的負担は最小限で済む（加藤陽子『戦争の日本近現代史』講談社文庫）。西洋的秩序への移行を焦る明治政府は、朝鮮の事情を無視し、「礼の外交」を蔑《ないがしろ》にした。

歴史を紐解くと、礼を巡るトラブルは枚挙がない。六〇七年（推古一五）、聖徳太子が遣隋使（小野妹子《おののいもこ》）に託した国書に、「日出《いず》る処の天子、日没する処の天子に致す。恙《つつが》無きや」とあることから、煬帝《ようだい》（第二代皇帝）の怒りを買った史実はよく知られている。六三二年（舒明《じょめい》四）八月に来日した唐の使者高表仁《こうひょうじん》は、蘇我入鹿《そがのいるか》（太子）と礼を争い、蘇我蝦夷《そがのえみし》（倭王）と面談できないまま、翌年正月に帰国した。『日本書紀』の応神紀（二八年秋九月条）の記述は興味深い。二九七年、高句麗の使者が朝廷に差し出した国書は、「高句麗王が日本王に教える」という表現を使っており、礼を欠くとして、破り捨てられた。「政変」が問題にしたケースとは逆のパターンである。礼に背く国書と行為を拒絶するのは、どの時代、どの国にも共通する現象ではないだろうか。

明治の「朝鮮通信使」

二六〇年間に及ぶ友好関係を発展させる最良の方法は、「朝鮮通信使」の招聘《しょうへい》にあった。

事実、一八六八年五月、対馬藩は新政府に招聘を提案している（兼《かね》て対馬守建白の件）。朝鮮通信使を「外国官に於《お》いて、厚く御説諭」のうえ、「維新の通告」及び「日朝新関係の樹立」を目指すのは、江戸幕府以来の伝統的外交原理に則り、「旧例」をもって「新例」を建てる合理的なアイデアであった。現代の外交に置き換えるなら、大統領就任式に相当するかもしれない。儀礼に留まらず、首脳の直接対話の場となり、国家関係の発展を促す。対馬藩のアイデアを拒否し、新政府をお披露目する絶好の機会を逸した外交センスは問われるのではないだろうか。

日朝両国は、将軍交替の度に、「関白承襲告慶大差使」（新将軍襲位を通告）と朝鮮通信使（答礼）を交換し、友好関係を深めた。一六二四年に行われた三代将軍家光の襲位を嚆矢《こうし》に、一六五五年（家綱）、一六八二年（綱吉）、一七一一年（家宣）、一七一九年（吉宗）、一七四八年（家重）、一七六四年（家治）、一八一一年（家斉）と、江戸期の通信使は八回来日している。徳川幕府は、統治基盤を強化し、政権の正当性を誇示するため、賓客《ひんきゃく》として歓待した。琵琶湖畔にある「朝鮮人街道」はその一例である。野洲《やす》から鳥居本まで四〇キロに及ぶ街道は、諸大名の参勤交代、琉球使節、オランダ商館長の江戸往来の際には使われなかった。一六〇〇年、関ヶ原の役に勝利した家康が、上洛に使用した「吉例の道」として、新将軍の襲位を祝う通信使だけに使用が許可されている。

朝鮮通信使が日本文化に与えた影響は小さくない。メンバーである学者、文人、書家、画家が日本各地で歓待を受け、文化交流を深めた様子は、来聘記、絵巻、屏風絵《びょうぶえ》、浮世絵に描かれ、沿道各地に残されている。『朝鮮人来朝図』（羽川藤永作）が描いた世界は目を引く。背景に富士山を配し、江戸日本橋付近の曲がり角を行く通信使と、それを見守る江戸市民の様子が遠近画法の中に収められている。茶を酌み交わし、談笑する市民、赤ん坊をあやしながら、見物する市民は、朝鮮人に対する親近感を隠していない。通信使の来日は、鎖国下にある日本人に異邦人と接する機会を与えている。髪型、服装も異なる朝鮮人という「他者」を通して、日本人は「自己」を知り、「世界の在り方」の一端を覗くことができた。「日本とはなにか」というアイデンティティを「相対化・問題化する存在」として、通信使が果たした役割は小さくない。

一八一一年以降、通信使の来日が途絶え、半世紀を超える空白が生じた。経済的要因（通信使の接待費）と共に、「ペリーの黒船」に代表される情勢変化の影響が大きい。欧米列強との対峙を余儀なくされた結果、伝統的交隣体制への関心が薄らぎ、両国間の意志疎通に齟齬が生じた。もし新政府が、対馬藩のアイデアを受け入れ、「明治の朝鮮通信使」を招聘していたら、半世紀の空白が埋められ、交渉が頓挫することはなかったのかもしれない。谷田部厚彦は、「当時の国内混乱の状態を考えれば、実現性に乏しい建言であったかもしれない。しかし、日朝関係を円満に処理するためには、本来それくらいの慎重さを必要としたであろう」と指摘する（『日本外交とは何か――その歴史と精神』平凡社）。

慣例の無視

国書問題に踏み込む。一八六八年正月、鳥羽伏見の戦いを終結させた新政府は、対馬藩に従前通り「朝鮮外交を委任する」（太政官日誌三月二三日項）旨を通達し、「大政一新」を通告するメッセンジャーとした（同九月二九日）。旧例に背く国書（「義達《よしあきら》」印から「平朝臣義達章」印への変更など）の受理が難しいと予想した対馬藩は、朝鮮事情に詳しい川本九左衛門に先問国書（小差書契）を持たせ、倭館に派遣している。対馬藩の「歳遣船《さいけんせん》」（定期的に派遣）が朝鮮の接待を受ける際、証明印（勘合《かんごう》）として使われている事情から、関心は「新印」に対する理解に注がれた。産業基盤が弱い対馬藩にとって、朝鮮から受ける特殊権益（知行四万石相当）の存続は死活問題である。

「旧例」に背いた書式は、伊達宗城《むねなり》（外国官知事）、小松帯刀《たてわき》（同副知事）と大島正朝《まさとも》（対馬藩）の協議で決定された（田保橋潔『近代日鮮関係の研究』原書房）。徳川将軍と朝鮮国王の「敵礼」（対等）関係を根拠に、朝鮮国王を天皇より一等下に置く方針が採用されている。新政府の権威を示したいという気負いが、「旧例」通りを説く対馬藩の意見を退けたのは想像に難くない。一八六九年一月三一日、国書（大差書契）を携え、大修大差使樋口鉄四郎が釜山に到着したが、「皇上《こうじょう》登極《とうきょく》」、「皇祚聯綿《こうそれんめん》」など、「皇」の字（朝鮮では清国皇帝だけが使う）を使用する国書の文脈は対等関係を一方的に変更していた。交隣文書を「金石《きんせき》のように強固で、削ることができない」（金石不刊之文）と捉える朝鮮は、先問国書と同じく、慣例を無視した国書に異を唱えている。

吉岡建白書（前掲）は、朝鮮政府が「皇」、「勅」の文字に拘る理由を歴史的体験（秀吉の侵略）に基づく疑心暗鬼に求めた。「皇」、「勅」の虚名を口実に、朝鮮を属国にしようと「姦計」を巡らしている、それ故、国書を受け取れば、「必ず大害あらん」と疑い、恐れていると、朝鮮政府の心理に迫っている。その上で、「隣交を新にするを諾せざる」だけで、征伐する道理があるというなら、「ペリーの黒船」のやり方が正しく、日本人が間違っていることになると、明治政府の「身勝手さ」を批判した（前掲『明治七年の大論争』）。

修正後の受理

通説は、朝鮮が国書受理を頑なに拒否したと説くが、正しくない。一八六九年（高宗《コジョン》六年）一二月一三日条の諸記録：『朝鮮王朝実録《チョソンワンジョシルロク》』（正史）、『日省録《イルソンロク》』（国王の言動に関する記録）、『承《スン》政院日記《ジョンウォンイルギ》』（王命出納機関の記録）によると、朝鮮政府の意志は、国書を「修正」した後の「受理」にあった。『日省録』によると、「対馬島主平義達《よしあきら》書契」にある「左近衛少将」は前例（可援之例）があるかもしれないが、「朝臣《あそん》」の二文字は未曾有の「大違格例」であるから、「改修正呈納」させよという主旨である。花房報告書（前掲）も、「戊辰以来数回の応答彼の常にいう所、違格の事は不可受、又、金石の条約不可換」と、朝鮮政府の立場を正確に伝えている。条約文に厳格さを求めるのは、現代人の感覚からしても、不自然ではない。宛名を違えた手紙や、誤字の多い文書を目にすると、書き手の誠意を疑ってしまう。国家間で取り交わす外交文書、国際会議の文書において、誤字、恣意的変更は言語道断であり、一つの表現を巡り紛糾する外交交渉、国際会議は少なくない。

明治政府が修正に応じた事実は、通説の誤りを証明している。一八七〇年五月一三日、対馬藩役人浦瀬《うらせ》最助《さいすけ》は、「皇上、国王の御称号は御互に姑《しばら》く措之《これおき》、両国政府御等対を以て御交りに相成、如何可有之哉《これあるべきや》」と提案した（「浦瀬最助訓導対話集」『朝鮮事務書』巻五）。天皇と国王の称号問題を据え置き、政府間で対等な関係を結ぶアイデアである。国同士の関係を結ぶ本来の目的からすると、政府レベルで問題を処理するのは理に適い、「天皇」の文字を使う「必然的理由」はない（臼井隆一郎『榎本武揚から世界史が見える』PHP研究所）。朝鮮当局が、「格別の御卓見」（浦瀬最助訓導対話集）として受け入れると、日本政府も「親交拒絶の意なき顕然いたし候」（森山茂・広津弘信上申書）と了解している（『朝鮮事務書』巻六）。結果、外務卿と外務大丞が、それぞれ礼曹判書（長官）と参判（次官）に「対等」の国書を認めた。「日本国外務卿沢宣嘉《のぶよし》、書を朝鮮国礼曹判書某公閣下に奉る」で始まる外務卿の国書からは、朝鮮が違格とした字句が悉く取り除かれている（「外務卿より礼曹判書へ贈る書」『朝鮮事務書』巻六）。双方が冷静に対応した結果ではあるが、日本政府が初手から慣例に沿う国書を提出していれば、事態が紛糾することはなかったという問題点は残るのではないだろうか。

遅れてきたドイツ

同年一一月、外務少丞吉岡弘毅は、「政府対等」の国書を携え、釜山に渡った。交渉進展が期待されたが、日本政府の不手際によって、打開策は水泡に帰してしまう。釜山に入港（同五月三日）したドイツ軍艦ヘルタ号に、駐日公使ブラントと共に、外務少丞馬場八郎と対馬藩通詞中野好太郎が乗船している事実が、中央政府に報告されていた。「館倭之和応洋醜」と、日本への不信感が増幅されたのは言うまでもない（『日省録』八月二五日条）。西洋と一体となり、圧力を加える日本との国交樹立を憂慮する声が高まり、交渉の進展は遠のいた。

一八六六年、オーストリアとの戦争を終えたドイツは、「遅れてきた帝国主義」として、朝鮮への影響力拡大を図っている。東アジアでの植民地レースに参加することで、大国の仲間入りを目論んでいた。鎖国下にある朝鮮にいち早く商社を置き、「ひと儲け」を狙うドイツ人の数が増える最中、その傍若無人《ぼうじゃくぶじん》な振る舞いが朝鮮人の反発を招いている。ハンブルグの商人エルンスト・ヤーコブ・オッペルトによる南延君《ナミョングン》陵墓の盗掘（一八六八年五月）は、儒教倫理の根幹を揺るがす愚劣行為として、祖霊を守ることを何よりも尊ぶ朝鮮人の神経を逆撫でした。西洋キリスト教世界への侮蔑を強め、攘夷体制を強化する要因の一つになったのは言うまでもない。

ドイツは、アメリカ（朝米修好通商条約・一八八二年五月）に次ぎ、条約締結（一八八三年一一月）に成功するが、その牽引者が釜山で「砲艦外交」を繰り広げる駐日公使ブラントであった。日本の役人が、彼と行動を共にしていれば、欧米列強と一体と見られても仕方がない。国交交渉の打開を模索している最中、交渉相手が反感を抱く国の軍艦を利用する外交センスは問われるのではないだろうか。

二　既得権益の確保を目指す対馬藩

第二の要因として、既得権益の確保に動いた対馬藩の存在を挙げる。明治新政府が、対馬藩による外交（私交の弊例）を刷新し、「外交一元化」を目指す状況において、「旧例」を重んじる朝鮮に同調し、「現状維持」を画策した。外交交渉において、担当者間における意志統一の欠如がもたらす影響は小さくない。

江戸期の日朝関係は、対馬藩（宗氏）を介した「二層式の外交」という特徴を持つ（田代和生《かずい》『倭館』文春新書）。徳川将軍（大君）と朝鮮国王が、対等な書式の国書を交換し、双方が同じ地位で結んだ関係を、通信使の来日を通して、確認した（表面に出ている層）。徳川幕府は、担当部署を置かず、実務を対馬藩に一任している（もう一つの層）。対馬藩を江戸幕府の「代理人」として捉えても誤りではない。現代の常識からすると、変則的な外交システムは、「自国が上位にあり、相手国を下位に置きたい」という中華主義的な自国意識の正面衝突を避ける知恵であった。代理人の存在は、両国政府の意志を正確、迅速に確認するプロセスを遅らせるデメリットも生む。対馬藩は、江戸幕府のコントロールが利かない間隙を縫い、虚偽報告など、あらゆる手段を用いて、自己の利益を追求すると同時に、同じ文化と伝統の影響を受けながらも、異なる体制（幕藩体制と王朝体制）を築いた両国の利害を調整し、「脆《もろ》い友好の絆」を繋いだ。

四万石の特殊権益

対馬は、地理的に見れば、日本（長崎）よりも朝鮮（釜山）に近く、朝鮮文化の影響が色濃い。渡来人（秦氏）の血を受け継ぐ藩主・宗氏は、一四四三年（嘉吉《かきつ》三年の条約）以来、「朝鮮家役」として、様々な特殊権益（世襲）を享受した。一年に米と豆二〇〇石（歳賜米豆）が藩主に提供され、年に五〇回、対馬―釜山間を送使船（歳遣船）が往来している（金建瑞《キムゴンソ》編纂『増正交隣志《チュンジョンキョリンジ》』亜細亜文化社）。朝鮮国発行の図書（義達《よしあきら》印）を「勘合印」とする証明書（文印）を携えた送使船は、鑞銅《ろうどう》、丹木《たんぼく》（絹の染色や艶出しに用いる蘇木）などを運び、東莱府《トンレブ》の木綿と交換していた（公貿易）。対馬商人には、糸絹（清国産）、薬品（日本産）などの物品を倭館市場でさばく排他的権利が与えられている（私貿易）。一八六八年の時点で、利益は四万石に相当した（「対馬藩計出納表」『朝鮮事務書』巻二）。海に囲まれ、経済的基盤の弱い対馬藩にとって、「朝鮮家役」に伴う四万石の特殊権益は生命線であり、その確保が全てに優先する思考論理、行動倫理が構築されている。廃藩置県（一八七一年七月）によって、対馬は厳原県となり、伊万里県（同九月）を経て、長崎県（翌年八月）に吸収された。宗氏の家役的特権も形式上消滅したが、実態上は、倭館の「接収」（一八七二年九月）まで存続している。地理的条件から、政府の方針が蔑にされた感は否めない。

倭館は、日本人接待用の施設（迎賓館）であり、東莱府（草梁《チョリャン》）に存在する公廨《コンヘ》（官所有の建物）の一部を成す。長崎のオランダ屋敷、出島の商館と同じく、鎖国下の日本が海外へ開けた「小さな窓」である。府使《プサ》、訓導《フンド》を含む朝鮮役人との外交・通商業務に携わる対馬藩役人など、約五〇〇名の日本人が常駐（単身赴任）した。北京に派遣する使節（年三回）を通して、朝鮮国が得たヨーロッパ情報を日本へ伝える役割は小さくない。重要情報については、東莱府使から、対馬藩主を経て、江戸の老中へ伝える連絡システム（飛脚便）が確立されていた。

敷地は、約一〇万坪を誇り、オランダ屋敷（二万坪）の一〇倍、出島（四〇〇〇坪）の二五倍に相当する。敷地内には、倭館を統轄する館守の宿舎兼執務所、開市大庁《ケシテチョン》（貿易の会所）、裁判屋《チェパンオク》（外交交渉官の宿舎）など、関連施設以外に、寺、神社、鷹部屋、窯場が建てられた。周囲には、高さ六尺の石垣が巡らされ、守門《スムン》（正門）と宴席門《ヨンソクムン》（儀礼用）の出入り口が設けられている。石垣の外側に六処伏兵幕《ユクチョポクビョンマク》（六カ所の番所）が置かれ、守門以外の出入りを監視した。館外には、宴大庁《ヨンテチョン》（朝鮮側の応接所）、柔遠館《ユウォングァン》（応接のため派遣される朝鮮役人の宿舎）、誠信堂《ソンシンダン》（通訳官の住居）など、政府施設があり、必要に応じて、倭館の役人が出向く。東の海上には、二基の桟橋を設けた船だまりがあり、対馬からの船が出入りしている。倭館（東莱府の管轄）の住人は、オランダ屋敷（長崎奉行が統制）のケースと同じく、「籠《かご》の鳥」状態に置かれた。『幕府時代の長崎』（長崎区役所編・一九〇三年）には、「和蘭人《オランダ》の出入は、常に表門よりし、衛士之を固め、奉行の許可証あるにあらざれば、内外人の出入を許さず。和蘭人は一年何回と其の数を限りて、長崎市街を徘徊するを許されたるも、其の徘徊する時には、常に衛士に囲繞《いにょう》せられるなど、囚人の待遇を受けたり」と記されている。倭館の場合も、「僅かに、彼岸と盆との特定日に於て、古館、即ち豆毛浦《トゥモポ》の旧館址に墓参を許されしのみ」と、外出が規制された（高崎章之助『宗家と朝鮮』自費出版・一九一八年）。長崎奉行所に借地借家料を納めたオランダ屋敷に対して、倭館は東莱府の「供応」であり、宗氏が享受する特殊権益の一部を形成している。

狙撃された特使

対馬藩は、明治維新によって、既得権喪失の危機に直面した。一八六八年四月、経済的基盤の脆弱性《ぜいじゃくせい》を訴え、新政府に財政援助を求めている。一八六三年、徳川幕府が認めた三万石加増（幕末動乱でとりやめ）の復活を目論んだ。政府の保留措置（一八六八年六月二二日）は、対馬藩の経済的自立を後押しする能力がない内部事情を浮き彫りにする。同五月に要請した交易資金（新制の太政官札五万両）の融資も拒否され、「外交一元化」が招く損失を穴埋めする方法がない以上、対馬藩には現状維持を目指す以外に選択肢がない。「旧例」に拘る朝鮮の立場を盾に、交渉妥結を妨げる方向に動く以外に、道は残されていなかった。

一八七二年五月末に起きた「梅津事件」の例を挙げる。梅津茂太郎（代官）、上野敬助、中山喜兵衛ら、対馬藩役人は、交渉打開を目指し、日本側が求めた東莱府使との直接談判を妨害した。崔在守《チェジェス》（訓導通事）の使者が「夜中……密々入館、中山喜兵衛へ参り、差使面会の事如何いたし可然哉」と、尋ねている。中山は、同僚上野と共に、梅津を訪ね、指示を仰ぐが、「梅津より面議の義は其方（朝鮮側）の御都合次第と可答置との差図」となった（「大差使相良正樹入府中、崔在守より代官へ密使差し来し候始末取調書取」『朝鮮事務書』巻一八)。政府方針を否定(朝鮮側の御都合次第)し、サボタージュする現場役人がいては、交渉進展を望むべくもない。七月、浦瀬最助(対馬藩役人)は、「国論が定まる」まで、三年間交渉を中断することを、崔在守に提案した。止むにやまれず、三年間の〝時間稼ぎ〟をしようとしたのは想像に難くない。広津報告書(七月二一日付)は、「韓対両間の私奸」(朝鮮と対馬の共謀)として捉えている(『朝鮮事務書』巻一三)。広津は、「兎角《とかく》談話中表裏有之仁物《じんぶつ》」と、浦瀬に対する不信感も隠していない。明治政府は、外務省出仕花房を派遣(九月一五日)し、梅津ら三人を詮議、帰国させた(前掲『征韓論政変』)。

政府特使への狙撃事件は看過できない。佐田白茅は、一八七〇年二月一三日、厳原で、虎屋丸に乗り込む際、「宗氏私交」の実態調査を妨害する輩の発砲を受けた。後年(一九〇三年)、佐田は「西南の山上より白茅を見懸けて、ボンド一発銃丸を放った凶漢があった。幸にして白茅には中《あた》らなかったが、船頭の頂きをかすって、血は淋漓《りんり》として流れた」と回想している(前掲『征韓論の旧夢談』)。暴力的手段も厭わない対馬藩に不信感を募らせた外務省役人は少なくない。花房報告書(前掲)は、「歳遣の贈酬に害あらんことを恐れる対州吏人の俗情」を交渉遅滞の「根本原因」として捉えている。

国書改竄

歴史を紐解くと、類似したケースに事欠かない。「秀吉の侵略」後の国交回復を一例として挙げる。一五九九年、対馬藩は、家康の指示ではなく、朝鮮交易の復活を必要とする自らの意志で、講和交渉に手をつけた（山本博文『対馬藩江戸家老』講談社選書メチエ）。翌年二月、藩主宗義智《よしとし》と家老柳川調信《しげのぶ》は、小西行長、寺沢正成と共に、朝鮮礼曹に書簡を送っている。朝鮮人捕虜を同時に送還することで、速やかな国交回復への願望を強く滲ませた。四年後（一六〇四年）、講和使節として、僧惟政《ユジョン》（松雲大師《ソンウン》）と孫文彧《ソンムヌク》が対馬を訪れ、釜山での貿易が許可されている（一六〇九年、貿易慣行が復活）。使節（宗義智が同伴）は上京し、二代将軍秀忠、大御所家康とも会談し、徳川幕府の意向にも触れた。江戸幕府は、宗氏の労をねぎらい、肥前に二八〇〇石の領地を与えている。

一六〇七年、呂祐吉《ヨウギル》を正使とする回答兼刷還使（四六七名）の来日によって、国交が回復するが、朝鮮政府は二つの前提条件（一．家康から国書を送る、二．侵略時、王の陵墓を荒らした犯人を捕まえ、送る）を提示した。当時の外交慣習からすると、国書を送る行為は降伏を意味する。陵墓を荒らした犯人を特定するのは困難極まりない。呑めそうにない条件を提示することで、徳川幕府の真意を探ろうとした意図が透けて見える。対馬藩は、家康の国書を偽造したばかりか、領内の罪人（孫作・三七歳、又八・二八歳）を陵墓荒らしの犯人に仕立て、朝鮮に送った。現代人の常識では測れない、大胆な行為ではないだろうか。講和を長引かせ、再び日本の侵略を受けるよりも、関係を改善する方が得策と判断した朝鮮政府は、対馬藩の「嘘」を受け入れ、国交回復に踏み切っている。

対馬藩による国書改竄は、常習化していた。呂祐吉正使が持ち帰った将軍秀忠の国書を一例として挙げる。先例のない「日本国源秀忠」名義の国書は、正使の「辱国之罪」に相当すると、物議を醸《かも》した（『宣祖修正実録《ソンジョスジョンシルロク》』巻四）。対馬藩は、名義を「日本国王源秀忠」に書き替えることで、「不和の火種」は取り除いている。国書改竄は、対馬藩の内紛（宗氏と柳川氏の対立）を機に、江戸幕府に知れ渡り、大問題となった（柳川事件）。細川忠利《ただとし》は、父親（忠興《ただおき》）に宛てた書簡（一六三五年三月一〇日付）に、「高麗よりの文も、将軍様の高麗への御書も、代々対馬守書き直し、御黒印まで……にせにて遣わし、そのまま罪になるはずだが、昔の尊氏以来、太閤様より代々この様にして来た由、その様子も取り調べている。悪く成り行けば両人御成敗だが、日本だけの事では済まず、高麗まで手切れになれば、また御人数参り（征討軍派遣）になる結果にもなるので、慎重な処分になるらしい」と、当時の状況に触れている。両国政府を欺く対馬藩の行為が、歴史に裏打ちされた慣習として、「暗黙の了解」を得ていたのは想像に難くない。翌一一日、三代将軍家光は、朝鮮との戦を避けるため、一切の責任を柳川調興《しげおき》（流罪）に被せ、宗氏を無罪（厳重注意）とする。翌年から、徳川将軍の称号は「国王」から「大君」に変更され、京都五山の学僧（輪番制）が対馬（以酊庵《いていあん》）に詰めるようになった。

吉岡建白書（前掲）は、対馬藩の協力なしには、交渉進展が不可能なことを見越して、交渉権の返上を申し出た藩主、「此上は外務省の通信は止められ、旧態に戻した方がよい」と公言する現場役人など、裏表のある言動に悩まされた体験に触れている。密かに朝鮮側と連絡を取り合う対馬藩役人に怒り、「自他見聞の次第は、一点の包蔵なく申出るべき事」、「心附候《こころづきそうろう》次第は、決して面従腹誹《ふくひ》なく、共に忠告する」と、誓約書まで書かせた吉岡の胸中は計り知れない。広津も、「内外の敵中に独立」と、国交交渉を妨げた「身内」の存在を挙げている（一八七二年九月七日報告書）。既得権を死守すべく、外交上の意志統一を妨げた対馬藩の責任は問われるのではないだろうか。

三　時流に乗り遅れた朝鮮の攘夷

第三の要因として、朝鮮の攘夷主義を挙げる。朝鮮政府は、維新政府を欧米列強と一体化した政権と見なし、真正面から向き合うのを避けた。二六〇年間、友好関係を紡いできた徳川幕府への信義と、新政権の脆弱《ぜいじゃく》な基盤に関する疑義から、交渉妥結を先延ばしにしている（ぶらかし策）。欧米列強が押し寄せて来た時、東アジア三国は、鎖国か開国か、封建か近代かの選択を迫られた。開国が世界史の流れであったのは否定できない。西洋事情を研究し、科学技術を吸収することで、近代化を促すのが、自立自存を図る道ではあるが、開国は古い秩序、既存の体制を崩壊に導く危険性を孕んでいる。殻の割れた卵が、有機体としての纏《まと》まりを失うように、国が崩壊する可能性は小さくない。儒教的、封建的支配体制が揺らぐのを懸念する朝鮮政府は、「衛《ウィ》正斥邪《ジョンチョクサ》」（正学―儒教を衛《まも》り、邪学―キリスト教を斥《しりぞ》ける）を唱え、キリスト教（天主教《チョンジュギョ》）を弾圧した。「西学の禁」（一七八六年）、「洋書の禁」（一七九一年）をもって、西洋学問も厳しく取り締まっている。キリスト教を禁止しながらも、西洋事情の研究を行う「蛮書調所《ばんしょしらべどころ》」（一八五六年）を設置し、国家レベルで西洋文明を受容するシステムを整えた幕末日本との差は小さくない。

宗教弾圧

朝鮮は、一六〇一年、イエズス会宣教師として、北京に居を構えたマテオ・リッチの著作『天主実義』（一六〇三年刊行）と世界地図を通して、西洋世界に触れた。前者は、中国人と西洋人の問答形式による教理書として、朝鮮でもキリスト教に関する基本文献をなす。後者は、一六〇二年に北京で刊行された「坤輿《こんよ》万国全図」（六幅）を通して、朝鮮に伝わっている。マテオ・リッチの世界地図を見るまで、朝鮮人にとっての世界は、中国、日本、インド（天竺《てんじく》）など、狭い版図で成り立っていた。アメリカ大陸を含む、広い世界に大きな衝撃を受けたのは想像に難くない。

朝鮮で天主教会が設立されたのは、一七八四年である。フランシスコ・ザビエルの布教（一五四九年）によって、キリスト教が普及した日本とのタイム・ラグ（二〇〇年以上）は小さくない。最初に洗礼（北京）を受けた李承薫《イスンフン》は両班《ヤンバン》であり、社会の上層から普及した点も日本とは異なる。宗教弾圧の激化に伴い、社会上層の信者が脱落する代わりに、魂の救済を求める中下層の信者が増えて行く。男尊女卑の因習に苦しむ女性信者の役割も拡大する。朝鮮政府は、キリスト教を封建的身分制度と儒教的な醇風美俗《じゅんぷうびぞく》を揺るがす存在として捉え、警戒心を緩めなかった。一八〇一年一二月二二日、国王（純祖《スンジョ》）の名で発表された「討逆頒教文《トヨクパンギョムン》」は、「国を怨み、志を失った痼族廃棄《コジョクペギョル》の輩（政権に不平不満を抱く士族——筆者注）たちが糾合して、名声と勢力とを藉《か》りて、党派をつくり、市井の商人、農夫から娼婦のたぐいまで呼び集めて、名分を混乱させ、風教を汚している」と指摘する（姜在彦《カンジェオン》『西洋と朝鮮　異文化の出会いと格闘の歴史』朝日新聞社）。辛酉教難《シンユキョナン》（一八〇一年）、己亥《キヘ》教難（一八三九年）、丙午《ビョンオ》教難（一八四六年）、丙寅《ビョンイン》教難（一八六六年）と、四度の弾圧を通して、多くの信者が処刑され、獄死した。一八六三年、執政となった大院君《テウォングン》（国王高宗《コジョン》の父親）は、外圧（開国要求）を強める「西洋蛮夷の内通勢力」と見なし、キリスト教に対する敵意を剥き出しにする。丙寅教難では、フランス人宣教師一二名の内、九人が処刑された（三名は中国に脱出）。

斥和碑《チョクファビ》

朝鮮政府は、欧米列強の軍事的挑発を退け、攘夷に自信を深めている。一八六六年一〇月、フランス艦隊（日本、中国から集めた七隻）は漢江《ハンガン》を遡り、江華島《カンファド》に侵入した（丙寅洋擾《ピョンインヤンヨ》）。フランス人宣教師を処刑した責任者の処罰と通商条約の締結を要求している。大院君は、議政府《ウィジョンブ》（国政の最高合議機関）に送った親書において、「一、その苦に耐えられず、和親を許すのは売国である。一、その毒に耐えられず、交易を許すのは亡国である。一、賊が京城《ソウル》に迫るとき、王都を去るのは危国である」と、攘夷を貫くことを指示した。一八六四年一月、孝明天皇が一四代将軍徳川家茂《いえもち》に賜った宸翰《しんかん》（天皇直筆の文書）は、「国外からは驕る列強諸国の凌侮《りょうぶ》を受け、正に併呑の危機を抱えている。実に累卵《るいらん》の如き、また焼眉の如き有様である」と、危機感を伝えている（『孝明天皇紀』第五巻）。「憎むべき外夷の征服は国家の大事」と訴える天皇の姿は大院君に重なるのではないだろうか。フランス艦隊は、韓聖根《ハンソングン》率いる守備隊など、朝鮮の激しい反撃を受け、四〇日後に退散している。朝鮮政府は、礼曹書契をもって、江戸幕府に詳細な情報を伝えた。

一八七一年四月、駐清アメリカ公使ローと海軍提督ロジャースは、日本と中国から集めた軍艦五隻で、遠征艦隊を編成し、漢江を遡らせている（辛未洋擾《シンミヤンヨ》）。アメリカ艦隊を撃退した後、大院君は、ソウルの中心街鐘路《チョンロ》をはじめ、全国の要所に「斥和碑」を立てさせた。「洋夷が侵犯したのに、戦わざることは和することである。和を主張するのは売国である。萬年に至るまでわが子孫を戒める。丙寅年に作り、辛未年に立つ」（洋夷侵犯　非戦則和　主和売国　戒我萬年子孫　丙寅作辛未立）と刻まれている。西洋列強の侵略に対抗する民衆の結束が目的であるのは言うまでもない。日本でも、日露戦争後、「忠魂碑」が各地に建立されている。戦死者の追悼に留まらず、国家への忠誠心を育成し、戦死を美化し、銃後協力を国民に強制する「象徴」となった（『100問100答　日本の歴史5　近代』河出書房新社）。列強の軍事力に対抗できた理由として、国民の結束以外に、地理的条件（遠浅の海岸）を挙げられる。満潮時には内湾に入れるが、干潮になると、艦船が座礁してしまう。西洋の軍艦は、引き潮の時点で、退散するより仕方がなかった。朝鮮の守備隊は、地の利を生かし、兵器の遅れをカバーしたと捉えられる。

朝鮮政府の対応は、徳川幕府の「異国船打払い令」（一八二五年）に比べても、異例なことではない。一八三七年、薩摩藩が山川沖に出没したアメリカ船モリソン号を、「藩庁兵を出しこれを砲撃し退去せしめた」ように、幕末日本も異国船に武力攻撃を加えている（『薩藩海軍史』）。朝鮮が清国に送った政府咨文《しぶん》は、「彼（アメリカ）が好を以て来れば、我も好をもって応じ、彼が礼を以て来れば、我も礼をもって接する」と、不法侵入したアメリカ艦隊の非を鳴らした。「礼の外交」を唱える朝鮮の姿勢は、相手国によって、変わることはない。アメリカ人宣教師アンダーウッドも、朝鮮を「隠者の国」と評しながらも、「外国人の受け入れと待遇は一貫していた」と強調する。フランス軍艦ラグロワ号の遭難者（一八四七年、全羅道沖で座礁）は、十分な食料を与えられ、保護を受けたが、不法侵入した聖職者とフランス兵は、首を刎ねられるか、国外追放になった。不可抗力（天候不順など）によって、海岸に漂着した外国人は相応の待遇を受け、意図的に無理な入国を企てた外国人は敵と見なされている（Horace G. Underwood『The Calle of Korea』一九〇八年、韓晳曦訳『朝鮮の叫び声』未来社）。朝鮮政府は、「人命を憐れみ、救う」（哀衿救活之意）において「遠い近いは問題ではない」（遠近之別）として、難破船や漂流船には救助の手を差し伸べた。しかし、地方官にも告げず、変装・潜入し、「君に背き、父に背く宗教」（畔君背父之教）を広める者は捕え、刑誅を加えている。黄海道《ファンヘド》沿岸で難破（一八六六年五月）したサプライズ号（アメリカ船籍）の水夫たちは、食物と衣服を与えられた後、中国の国境まで護送され、北京へ渡ったが、故意に、大同江を遡り、領土を侵したシャーマン号（同八月）の乗務員は殺害された。

尚文賤《サンムンチョン》武《ム》

朝鮮政府は、攘夷に成功することで、「武」の近代化を国家的課題として捉える機会を逸した。秀吉による侵略の際、鉄砲に強い関心を示し、その製造、射撃訓練を専門とする官庁（訓練都《フンリョント》監《ガム》）を設けた当時の政府に比べると、その対応は拙《つたな》い。軍艦、大砲など、近代兵器の威力を実感しながらも、背景にある西洋科学と兵法を見落とした。朴珪寿《パクキュス》門下の一書生であった金允植《キムユンシク》（号――雲養《ウニャン》）は、友人に宛てた私信において、魏源《ぎげん》（清朝末期の学者）が、著書『海国図志』（籌海《ちゅうかい》篇）の中で、海から侵入する西洋列強への対抗策として、多数の兵力よりも、大砲の精巧を高めることを説いた事実に言及している。洋擾の撃退策として、農村から多数の人間を動員するよりも、精巧な大砲を模造して、天険の要塞に据え付け、侵入してきた洋船を水際で撃退する方が得策だと指摘した（「洋擾時答某人書」『雲養集』巻之一二）。不幸なことに、一書生の意見に留まり、世論を形成するには至っていない。『海国図志』は、「夷の長技を師として、以て夷を制す」（為師夷長技、以制夷）と、対西洋外交の戦略思想を示した画期的な一冊である。兪《ユ》吉濬《ギルチュン》（日本、アメリカに留学した初めての朝鮮人）など、一部の識者だけが注目し、広く普及することはなかった。日本には一八五四年に伝わり、幕末まで二三種の翻刻版が刊行されている。未知の世界である西洋に関する情報量において、日本とは雲泥の差があったと言わざるを得ない。

政治家、識者たちは、儒教が説く「尚文賤武」の思想を捨て切れなかった。「器」（技術）に対する「道」（儒教）の優位、「武」に対する「文」の優位を信じて、疑うことがない。科挙試《クァゴシ》（両班登用試験）でも、文科コースを立身出世の道と考え、武科コースに優秀な人材が集まることはなかった。医科（医師）、訳科（通訳）、律科（法律）など、雑科は、両班階級による政治を実務的、技術的に補助する官吏採用試験に位置づけされ、中人《チュンイン》階級（両班と常民《サンミン》の中間層）の「世襲的学問」となっている。外国語、天文学、地理学、医学など、実用学問を軽視する風潮が、技術力の停滞を招いたのは言うまでもない。幕末日本の尊皇攘夷派は、薩英戦争、下関戦争の敗北によって、列強の軍事力に注目し、西洋技術を貪欲に吸収した。島津斉彬は、ペリーからライフル銃をプレゼントされると、刀鍛冶など、薩摩藩の技術力を動員して、模造品製作に着手している。三ヵ月後、完成品が出来上がり、半年後、その数は五〇丁に達した。一八五六年、反射炉を完成させ、翌年、一五〇ポンド砲（当時最大）を製造させた斉彬のような実行力に富む政治家が朝鮮にいなかった事実は否定できない。外国を排除する攘夷論を「無謀の大和魂の議論」と断じ、西郷隆盛ら、藩士の意識改革を図った斉彬の先見性が朝鮮の政治家には欠けていたのではないだろうか。

出兵基地

朝鮮で攘夷熱が高揚している最中、明治新政府は国書を送り、国交樹立を求めた。タイミングとしては、最悪だったのかもしれない。「喧嘩状」に等しい国書を送り、欧米列強と歩調を合わせた日本の対応は、朝鮮の不信感を増幅させた。列強が行った二度の軍事挑発（丙寅、辛未洋擾）の際、日本が遠征艦隊の「基地」となった影響は無視できない。イラク戦争（二〇〇三年）の際、横須賀からアメリカ軍が出兵したケースと同じではないだろうか。前者の場合、横浜駐留の兵士が参加しており、朝鮮から撤退（一八六六年一〇月五日）した艦隊の旗艦「ラ・ゲリエル」（司令官ローズ少将搭乗）は横浜へ帰港している（当時の外字新聞が報道）。丙寅洋擾に関する報道内容は、清国を通じて、朝鮮政府にも伝わった。後者の場合、アメリカ艦隊（横浜駐屯軍が参加）は、朝鮮へ向かう前に、長崎で碇を下ろし、半月間、事前演習（一八七一年三月）を行っている。駐日アメリカ公使は、「米朝戦争」になれば、日本にとって必要な軍事情報が得られると、日本官吏の同乗を申し入れ、明治政府の同意を得た。日本政府も、朝鮮と友誼（条約）を結ぶ前に、一旦事起きる時は、「米を助くべきの義ありて、鮮を援《すく》うの理なし」と、国交交渉の担当者（外務省役人）に訓令している（井上清『西郷隆盛（下）維新前夜の群像6』中公新書）。日本は、すでに朝鮮ではなく、アメリカの〝味方〟であった。

一八七五年正月、朴珪寿《パクキュス》（号――瓛斎《ファンジェ》）が大院君に送った書簡は朝鮮政府の内部事情に詳しい。シャーマン号事件（一八六六年）の際、平安道《ピョンアンド》監司《カムサ》（知事）として、焼き打ちを指導したばかりか、一八七三年に右議政《ウイジョン》（右大臣）を務め、翌年引退した開国派を代表する政治家である。「小生も倭洋一片であることを深く憂慮しているから、我が方より釁《きん》（争い）を啓《ひら》くのは宜しくないと言い、むしろ書契を受けないのは弱さを示すことになるから、宜しくないと、言いたいのです。なぜなら、すでに彼は西洋と一片となっており、慍《おん》（うらみ）を積んで兵戈を発動した時、積年に渡って我が国を窺ってきた西洋が、これに合勢しないと言えるでしょうか……強弱は書契を受けるか受けないかにかかわるものではなく、彼が言を執えて作兵する理由とするに足るものです」と、国書を巡るトラブルを口実に、欧米列強が軍事介入する可能性に言及した（「乙亥正月日本書契将来而受之不可之意有雲閣書故上答」『瓛斎集』）。明治新政府の国書受理を巡り、政府内に意見対立があった事実が浮かび上がる。二度の軍事挑発を体験した後だけに、「西洋化」した日本を警戒する判断は責められるものではない。朴珪寿は、一八七四年の書簡においても、「彼らが天皇と称するのは、けだし累千年のことであり、彼らが国中で自称し自尊したとしても、他国に何のかかわりもない」（彼是国中自称自尊、何関於他国乎）と、明治政府の国書に柔軟な姿勢を示している（書牘「答上大院君」甲戌、『瓛斎集』巻一一）。彼が政府の主導権を握っていたら、国交交渉は異なる展開を見せたのかもしれない。

戦慄の記憶

明治新政府に対する警戒心の背景には、「秀吉の侵略」という歴史的体験がある。七年に及ぶ「名分なき戦争」に巻き込まれ、甚大な被害を蒙った「民族の記憶」は簡単に消えるものではない。多くの無辜《むこ》の命を奪った日本軍の蛮行に対する憎しみは、「倭奴《ウェノム》」、「異類《イリュ》」（禽獣と同じ輩――筆者注）などの侮蔑語に込められ、後世に伝わっている。薩摩藩が、関ヶ原の役における敗戦の記憶を「チェスト！関ヶ原」の言葉に込め、反骨精神を代々養ったケースに似ているかもしれない。戦後、朝鮮全土の耕地面積は、一七〇万八〇〇〇余結《キョル》（一結は一等田で約一ヘクタール、六等田で約四ヘクタール）から五四万一〇〇〇余結と、三分の一に減り、国民は塗炭《とたん》の苦しみを味わった。吉岡建白書（前掲）は、「流血満地、横暴至らざること」なき実態に着目し、侵略の歴史的体験が三〇〇年後の朝鮮人にまで「戦慄」を呼び起こしていると断じた。「戦慄」の体験を繰り返さないために、朝鮮政府が慎重な姿勢を崩さないのは至極当然である。

日本人の意識に及ぼした影響も見逃せない。英国公使パークスは、副島種臣外務卿と行った会談（一八七三年七月二七日と八月七日の二度）の内容と感想を纏めた『パークス覚書』において、「台湾の場合もそうであるが、朝鮮問題についての日本人の意見にも、過去の歴史が染み付いている。一六世紀半の朝鮮侵攻の記憶は、日本人にとって心地よいものである。この侵攻は敗北に終わり、日本軍は朝鮮から駆逐されたのだが、ともかくこの事実があるために、日本人は朝鮮人に対して、政治的に優越していると思いがちである」と指摘する。朝鮮に開国を迫る明治政府の手法が、イギリス外交官の目に余ったのかもしれない。

朝鮮政府は、明治新政府を「不安定な政権」として捉えていた。一八七三年八月一三日、燕京（北京）から帰国した進賀使李根弼《イグンピル》は、「一国を挙げ洋制に従うを欲すという。必ず内乱の生ずるあらん」と、国王（高宗）に報告している（『日省録』）。開国、西洋化が混乱に結びつくという固定観念は際立つ。いつ倒れるか分からない政権と真面目に交渉するのは愚かであり、様子を窺いながら、物事を進めようと考えたのは想像に難くない。加えて、先進文化を伝えてきたプライドが、西洋化した日本を見る目を曇らせた。「攘夷に失敗した日本の声など聞く耳を持たない」と考えたとしても不思議ではない。

背景には、情報の入手問題が存在する。一八一一年に通信使の来日が途絶えたことで、正確、かつ新しい情報を得る手立てがない。「凡、対州に伝播する風説は、事大小となく彼に通逓《つうてい》せざるなし」と、全ての情報を倭館に頼っていた（一八七四年六月森山茂報告書付「朝鮮近情探聞書」『朝鮮事務書』巻二七）。国書改竄の例を見るまでもなく、全ての情報に現状維持を望む対馬藩のバイアスが掛かり、内容が歪められた可能性は否定できない。「必ず内乱あり」（進賀使の報告）に輪を掛けた情報が伝わり、情勢判断を誤らせたのではないだろうか。

エスカレートする敵対行動

明治新政府に対する不信感を深め、交渉妥結を先延ばしにする朝鮮政府を前に、日本外交は強硬論へ傾いて行く。荒野泰典は、廃藩置県後、「挑発的、威《い》かく的」になったと指摘する（『近世日本と東アジア』東京大学出版会）。日清修好条約の締結によって、清国介入の可能性が排除された背景は無視できない。一八七一年一二月、相良正樹（旧対馬藩参政）が新差使（外務省十等出仕）に就任するが、交渉担当者の一方的な交替は、当然のように、朝鮮政府の反発を招く。相良が、「国制一新の景況より廃藩置県の変革、並に外国交際の事は一切外務省に於いて管する」と、懇々縷々《こんこんるる》と説いたが、朝鮮役人に拒否された（前掲『岩倉公実記』）。相互不信のサイクルに陥り、交渉は閉塞状況を迎える。

業を煮やした相良差使は、一八七二年五月二七日、東萊府使との面談を求め、倭館から無断外出した（館倭攔出《クァンウェランチュル》）。異邦人の外出は厳に戒められており、そのショックは小さくない。広津は、朝鮮役人だけではなく、「館中の者も驚愕《きょうがく》いたしたるよし」と、外務省に報告（七月一三日付）をしている（『朝鮮事務書』巻一三）。朝鮮政府に対する「抗議」以外に、外務省に対馬藩の特殊権益を認識させる「最期の行動」としての色彩も強い（前掲『近代日鮮関係の研究』）。一八六七年、日本人の「無断外出」によって、当時の府使（徐璟淳《ソギョンスン》）が責任を問われ、罷免された前例を踏まえると、一つのカケだったのかもしれない。相良は、六月六日まで東莱府に逗留したが、所期の目的を果たせなかった。朝鮮役人の不信と反発は最高潮に達し、国交交渉は暗礁に乗り上げている。

同九月、日本政府は倭館を「接収」し、事態を悪化させた。「一大弊」の打破として、対馬藩勢力を一掃しようとした外務省の意図は明らかである。朝鮮政府にとっては、主権侵害（施設の不法占拠）であり、「侵略行為」に等しい（大江志乃夫『東アジア史としての日清戦争』立風書房）。明治政府は、倭館が日本との通交のために建設され、対馬藩が利用した迎賓館であることを承知していた。宗義達《よしあきら》は、「草梁館の儀……元来私有の場所にこれなく、歳遣船約定につき、自家旧来借用の地にて」と、朝鮮政府からの借り物である事実を確認している（同六月上申）。対馬藩から外交権を接収する問題と同じ範疇《はんちゅう》で扱う事柄ではない。元来、廃藩置県によって、対馬藩が消滅した時点で、朝鮮側に返却されるべき施設であった。明治政府は、生活必需品の提供中止を含む、朝鮮政府の抗議を無視し、倭館を「大日本公館」と改称している。対馬藩から外交権を取り上げる問題と混同し、他国の主権を侵害した行為は、外交的音痴の誹《そし》りを免れない。

四 「征韓論」を点火した歴史的文書

通説は、一八七三年五月、密貿易（潜貨冒犯）を取り締まる東莱府の掲示文（伝令書）を「征韓論」が澎湃した直接的動機として捉えているが、正しくない（広津報告書五月三一日付）。掲示文が、「潜貨冒犯、又両国之所同禁也、近見彼人所為、可謂無法之国」（潜貨冒犯は、また両国の同じく禁ずるところなり、近ごろ彼の人のなすところを見るに、無法の国というべし）と指摘するように、密貿易の取り締まりは、どの国においても行われる当然の行為であり、正当な権利である。明治政府は、「殊に又近日」、東莱府は「草梁館」の「門将、小通事」に伝令書を達し、これを館門に「掲示」させたが、その内容は「変形易俗」の日本人の「所為」に触れ、日本を「可謂無法之国」と侮辱していると、過敏に反応した（前掲『岩倉公実記』）。報告書に添えられた掲示文（写し）は、「侮日の伝令書」として、「征韓論を点火した歴史的文書」に位置づけられている（丸山幹治『副島種臣伯』大日社）。長い間、教科書など、多くの歴史書がこの認識に倣い、朝鮮政府を〝悪者〟としてきた事実は否定できない。同時に、維新の功労者を政府から追い出した「政変」の動因とすることで、真相（権力闘争）を隠蔽《いんぺい》し、日本人の歴史認識を歪めてきた。掲示文の実物もない、写しの実物もない（紛失）、日付の異なる二種類の「写しの写し」が存在するなど、「征韓論を点火した歴史的文書」には疑問点が少なくない。

密貿易

広津報告書は、文面は大日本公館の下級役人（東田伊良）が「一見いたし、全文は覚え兼候えども、大意書き取り」したものであり、掲示がなされた原因を日本人の密貿易にあると断じた。一八七三年四月、外務省の許可を得て、東京商人三越則兵衛手代の肩書きを持つ商人が倭館に出向き、「三木屋」（対馬商人）の名義で、貿易を行っている。朝鮮側からすると、主権を犯し、経済秩序を攪乱《かくらん》する密貿易以外の何物でもない。広津は、もし「公然公館内へも無礼」申し懸けて来るようなことがあれば、「却って後日談判の端緒」を得られ、交渉のきっかけを掴めるから、むしろ好都合であり、伝令書そのものは「昂然として顧みざる」と、無視する方が得策と判断し、「一同静謐《せいひつ》」（静観）していると付け加えた（前掲『征韓論政変』）。三越関係者が退去すれば、事は解決されると思っていたのは想像に難くない。

廃藩置県後、「自由貿易」を唱える政府要人の後押しで、釜山に進出する商人は増えた。対馬・

長崎間の貿易に従事していた福田増兵衛（対馬郷士出身）は、一八七一年「長州の奇傑粟屋多助と云う者、木戸参議の命を含みて対州に来たり、物品を釜山に輸送せむとするや、彼は其所有船たる金比羅丸を以て之が用に充て、別に小船を艤装《ぎそう》して釜山に渡った」と伝えている（高橋刀川『在韓成功の九州人』）。福田も、一八七三年に再渡航し、海産物、牛皮、薬種を買い付けるなど、密貿易で巨利を貪った。後年、朝鮮に移住し、「釜山の三大成功者」の一人に数えられている。

明治政府の要人たちは、密貿易に詳しい。薩長両藩が、密貿易を通して、倒幕に必要な経済力を貯えた事実はよく知られている。一八六三年一二月二四日、長州藩は長崎丸（薩摩藩が幕府から借用）を焼き打ちし、その理由を「密貿易に対する義憤」と公表した。歴史を紐解くと、西国雄藩にとって、密貿易は「一般的な海外との取引」である（武光誠『日本地図から歴史を読む方法2』河出書房新社）。朝鮮半島、中国大陸を往来し、彼の地の女性を娶り、定住した日本人は少なくない。長州藩の下関（赤間関）は、大内氏時代から、朝鮮との間で、物、金、人が頻繁に行き来した歴史を持ち、密貿易の恩恵を十二分に受けた土地柄である。毛利重就が導入した「撫育金」制度（一七六三年）によって、赤間関（南部町）には「越荷方《こしにかた》会所」が設けられた。本州最西端に位置する地の利を生かし、貿易で栄える姿は、「下の関とも名にたかき、西国一の大湊、北に朝鮮釜山海、西に長崎、薩摩潟、唐土、阿蘭陀《オランダ》の代物を、朝な夕なに引うけて、千艘出ずれば人船も、日に千貫目万貫目、小判走れば銀が飛ぶ、金色世界もかくやらん」と歌われている（博多小女郎浪枕）。下関戦争（一八六四年）後は、「攘夷の拠点」から「対外接触の拠点」に姿を変えた。一八六六年九月、大村益次郎は、壬戌丸《じんじゅつまる》（藩所有）で上海に行き、同船を売り払い、ゲーベル銃を購入した後、フィーパン号（アメリカ商人ドレーク所有）で、下関に帰港している。密貿易に通じた明治政府の要人たちが、朝鮮政府が貼り出した掲示文の意図を取り違えるとは考え難い。

半井桃水《なからいとうすい》

掲示文について、作家半井桃水は「朝日新聞」に興味深い記事を寄せている（「燼餘日記」一八九八年二月七日付）。「一葉の新しき掲示あり、何心なく読下せば、彼の政府より人民への諭達と覚しく、滔々《とうとう》数千言漢文をもて書かれたるが、悉く是れ日本を罵詈《ばり》譖謗《せんぼう》したるもの、予は悲憤禁ずる能はず、馳せて館司家に至り、広津氏に訴ふれば、広津氏大いに喜び、好くこそ知らせつれ、願はくば写しを得て政府に稟申せんと思ふなり、さりながら吏を遣はさば、門将必ず謄写を拒まん、予は年少、遊戯の傍写し取とも門将さらに意とせざるべし」と、掲示文を書き写した経緯に触れた。広津報告書と符合する部分が少なくない。外務省役人が掲示文を書き写そうとすれば、門番に拒否される恐れがあり、桃水が「代行」した。記事によると、翌日、「韓人の最も愛する日本煙草半紙」を携えて、顔見知りの門将を訪ね、「僅かに覚へたる韓語」で、筆談を交えながら、問答を行っている。朝市に関する文章をやりとりしながら、「日本を罵詈讒謗した」掲示文を写し取った。桃水は、「程なく我廟堂に征韓の議起こりぬと聞き、予は前に述べたる官文が導火線となれるに非ざりしかを疑へり」と、驚きを隠していない。記事内容が事実だとすれば、半井桃水は、明治日本の運命を決める歴史的事件に関わり、重要な役割を担ったことになる。広津が、役人の立場から、桃水を東田に置き換え、報告したと考えると、辻妻が合うのではないだろうか。問題は、一八六〇年に対馬で生まれ、典医の家に育ったとはいえ、一三歳の桃水が「滔々数千言」の漢文を正確に理解し、書き写す能力を備えていたか否かである。現代人の感覚からしても、句読点もなく、漢字が並ぶ文章は非常に読み難く、書き誤りの可能性は排除できない。

三つの問題点

「侮日の伝令書」が抱える問題点を三点に纏める（前掲『征韓論政変』）。

一．掲示文は、内部文書であり、公式の外交ルートを通して、伝えられた文書ではない。掲示された場所も、「守門将部屋内の後ろ壁に」とある（広津報告書）。守門とは、倭館の表門であり、常時、東莱府と釜山鎮の将校二名、通事二名、門直二名が詰め、東莱府発行の許可書（帖文《チョムムン》）を所持する者だけに通行を許可した。分かりやすく言えば、会社、企業の正門にある警備室内に、「ライバル会社が法を犯しているから、その社員の出入りを警戒しなさい」と、貼り紙をしたようなものである。正式ルートを通じて伝達されていない内部文書に「過剰反応」し、外交案件として、閣議で取り上げるのは筋が通らない。内容（厳しい対日認識）についても、明治政府は朝鮮の一貫した姿勢を承知しており、別段目新しいものではなかった。

二．掲示文の「写し」の実物は存在しない。『日本外交文書』（巻六）が、広津弘信報告書（一八七三年五月三一日付）を収録しながら、「本号文書に謂う『伝令書写』見当らざるも、此の伝令書に関する『朝鮮交際始末』記事左に附記す」と注釈を入れているように、『朝鮮交際始末』（一八七七年）が伝える内容である。「伝令書写」の実物に関する記述は見当たらない。「写し」は紛失されたというが、日付が異なる二種類のコピーが存在する（外務省編纂『再撰朝鮮尋交摘要』）。「此則不可謂日本之人」（五月欠日付）と「不可謂日本人也」（一〇月二九日付）とあるが、当時の朝鮮政府は「倭人」という表現を常用していた。交際文書では「日本」と表記されるが、「日本人」、「日本之人」の表現は使用されていない事実を踏まえると、書き写す過程で、「倭人」が「日本人」に置き換えられたと推測できる。

三．掲示文の内容が確認された形跡がない。外交問題だけに、追加情報を収集し、事実確認を行った後に、対応策を決めるのが通常のプロセスである。「侮日の伝令書」が閣議で取り上げられたのは、六月だという。西郷使節の派遣を決めた八月の閣議まで、約二ヵ月間、掲示文の補足情報は収集されていない。既述した広津の判断（昂然として顧みざる）の影響ではないだろうか。妻妾を呼び寄せる問題、武器売却問題など、広津報告書の項目は「平和的状況」を雄弁に物語っている。もし掲示文の件を「一大事」と認識していたら、妻妾を呼び寄せる問題に言及するだろうか。身内をわざわざ危険に晒すなど、通常では考えられない。広津は、崔在守の反応（強て異論無之）を確認した後、妻女呼び寄せを禁じては、倭館の「気勢」が振るわないと、本省に前向きな検討を具申している。生活に密着した問題の処理を求めうる状況は、「危機」に馴染まない。武器売却は論外である。戦の相手に武器を売るなど、常識では有り得ない。広津は、「昨年海津茂太郎持渡り候よしの大砲壱挺、韓人より丸島八百治へ内談相求め度趣にて奥義制《おくぎせい》より相渡し不苦哉、伺出候」（四月一日）と、報告している（『朝鮮事務書』巻二〇）。一八七二年に梅津（代官）が売り渡した大砲につき、朝鮮人から館商丸島へ「内談」が入っているが、応じてもよいのかと、倭館詰め役人奥が広津に問い合わせてきた。野戦砲（車台付）など、「不用の分」を振り向ける具申（上野景範外務少輔）を受け、陸軍卿代理（山県有朋中将）が武器売却を許可（五月三一日）したが、広津は大砲六門の無事陸揚げを外務省に報告している（九月一五日）。当時の状況は、通説とは異なり、武器売却が許容されるレベルにあった。軍のトップを占める西郷が、武器売却の件を承知していたと考えるのが自然である。この事実は、「暴殺開戦論」（戦争を仕掛けるために、朝鮮に行こうとした）を否定する根拠にもなるのではないだろうか。

以上の四点から、西洋的秩序への仲間入りを焦った日本と、封建的王朝体制を維持し、東洋的秩序の中に立てこもろうとした朝鮮の外交意志が対立し、国交交渉は頓挫したと、結論づけられる。二六〇年間続いた友好関係は反故にされ、対立への道が開かれて行く。「力の論理」（弱肉強食）を振りかざし、軍事的圧力を加える日本外交の前に、朝鮮政府は効果的な対応策を講ずることができず、植民地に転落した。小倉和夫は、日本の朝鮮外交が「対西欧外交の踏み台」に使われ、その過程で、朝鮮に対する「偏見」が増幅されたと、指摘する（『「西」の日本「東」の日本』研究社出版）。朝鮮が新しいスタイルを受け入れなければ、西洋世界に仲間入りできないという「強迫観念」に囚われた明治日本は、思いが通じない朝鮮への憎しみを募らせ、侵略のテンポを速めたのかもしれない。

第二章…西郷隆盛が受け継いだ「共生」のDNA

朝鮮使節の派遣を望んだ西郷隆盛の真意については、「朝鮮に死地を求めた」、「禄を失った士族のために朝鮮を討とうとした」、「日本・朝鮮・中国の三国同盟で、ロシアに対抗しようとした」など、諸説百出したが、説得力に富む結論に達していない。西郷を「征韓論者」とする説と「平和論者」とする説に、評価は相半ばしているが、筆者は後者に与する。西郷が、公式の場で、「征韓」を唱えたことは一度もなく、使節派遣による外交的解決を一貫して主張した。板垣宛書簡（八月一七日付）を含め、いくつかの私書において、朝鮮へ赴く意志を伝え、戦争の「可能性」に言及しているが、西郷の見識、人となりを踏まえると、額面通りには受け取れない。「礼の外交」を唱える朝鮮が、和平の使者を殺害するという前提には相当な無理がある。国交交渉が始まって以来、国書を携え、朝鮮に渡った使者の中で、〝無言の帰国〟をした者は一人もいない。西郷は、儒教の平和的側面（尚文賤武《サンムンチョンム》）を熟知しており、花房報告書（前掲）など、交渉現場の意見も承知している。朝鮮政府が無闇に事を構えることはないと確信していたのは想像に難くない。私書の性格（秘密保持性）を踏まえ、強硬論者（板垣）を説得するため、「使節の暴殺」、「内乱を冀《こいねが》う心を外に移して、国を興す遠略」などの方便を弄したのではないだろうか。

西郷が、朝鮮をどのように捉えていたのか、どのようなイメージを持っていたのかは審《つまび》らかではない。外務卿（副島種臣）を差し置いて、使節に手を挙げた理由が朝鮮認識にあったと、筆者は考える。そのキーワードを「薩摩にある朝鮮との触れ合い」に求めたい。西郷は、南九州・

鹿児島に残る朝鮮半島文化のなごり、島津氏が朝鮮と紡いだ交流の歴史、薩摩に根を下ろした朝鮮人の「共生」の歴史に触れ、政府内の誰よりも彼の国を理解していると確信していたのではないだろうか。孫子の兵法（彼を知らず、己を知らざれば、百戦殆《あやう》し）は、外交交渉にも有効である。「朝鮮を一番よく知る者」として、使節に名乗り出たのではないだろうか。強硬論者副島が行けば、交渉失敗の恐れがあるとした筆頭参議の判断に誤りはない。

「朝鮮との触れ合い」を、一．南九州・鹿児島に残る朝鮮半島文化、二．島津氏・薩摩藩と朝鮮の交流、三．西郷が出会った朝鮮人と、三項目に纏める。第三項目については、西郷自身が語り、書き残したものがないだけに、モザイク模様（推論を含めて）になるのは避けられない。人生の節々に埋め込まれている「朝鮮」というピース（断片）を取り出し、西郷が受け継いだ「共生」のＤＮＡに迫ってみる。

一　南九州・鹿児島に残る朝鮮半島文化

西郷隆盛が生まれ、育った南九州・鹿児島は、古くから朝鮮半島と様々な交流を維持してきた。霧島山系の最高峰「韓国岳《からくにだけ》」（一七〇〇メートル）、「高麗町」（大久保利通の生誕地）など、朝鮮半島ゆかりの地名も少なくない。大隅地方には、金官加羅《クムグァンカラ》（半島南部に存在した小国家・『日本書紀』では南加羅、後に新羅に併合された）から渡来した秦氏が集団生活を営む「王国」が存在した。鹿児島県下には、その末裔が現存（一五家）しており、韓国宇豆峯《からくにうずみね》神社（韓国は加羅国に由来）など、彼らの足跡も数多く残っている。大正期（一九一二～二六年）まで、川内市西方付近の海辺では、毎年五月の節句に合わせた「ブラサンゴ」（ブランコ遊び）が、出水、阿久根、阿多、指宿、頴娃《えい》、姶良では、男の子たちの石合戦行事が行われた。朝鮮で、端午の日に行われる「鞦韆《チュチョン》」（ブランコ遊び）、「便戦《ピョンジョン》・石戦《ソクチョン》」（石合戦）との類似性が著しい。秦氏が受容した弥勒信仰は、島津氏固有の「郷中《ごじゅう》教育」に反映され、薩摩隼人の精神的基盤の一つを形成している。

　薩南諸島も例外ではない。二〇〇七年、奄美大島の東二五キロに浮かぶ喜界島で、八世紀後半から一二、三世紀頃の城久《ぐすく》遺跡（二〇〇三年から発掘）が発見され、半島産青磁、白磁などが大量出土した。中国大陸、朝鮮半島、九州北部、そして西海岸を経て、琉球列島を結ぶルートの重要性が再認識されている。西郷が流人生活を送った徳之島（南西部）では、須恵器の影響が色濃いカムィヤキ陶器窯跡群（カムィは甕《かめ》や壺を表す地元の方言）が発見された（一九八三年）。新里亮人《しんざとあきと》は、中世前期の日麗（日本―高麗）貿易において、博多に拠点を置く商人を介し、高麗陶工が徳之島に窯業技術を伝え、「朝鮮半島的な中世須恵器窯であるカムィヤキ古窯を開窯した」

と推測する（谷川健一編『日琉交易の黎明』森話社）。

縄文文化と弥生文化の交差点

日本民族の源流を遡ると、北方民族（氷河期、マンモスを追って、シベリア大陸から地続きの氷上を渡って来た）、南洋民族（南太平洋諸島から船を操って、辿り着いた）、華南民族（揚子江の南側の江南地域から、海を渡って来た）、半島民族（朝鮮半島から渡って来た）に行き着く。北方民族、南洋民族、華南民族が縄文時代を形成し、半島民族が弥生時代（紀元前三世紀頃から紀元三世紀頃まで）を担う。弥生文化を担った人々の主力を渡来人とするのか、縄文人（農業技術を習得した）とするのか、長年議論が続いたが、近年の研究成果は前者に与した。「近年のミトコンドリアや人骨についての分析は、日本人の祖先の大半が渡来人であることを有力にしている」と、「共生」の結果を直視する識者も増えている（八幡和郎『歴代天皇列伝――日本人なら知っておきたい』ＰＨＰ研究所）。

南九州・鹿児島は、縄文文化がいち早く定着した地域であり、県内で発見された縄文遺跡は二八〇〇に及ぶ。一万三〇〇〇年前頃、氷河期が終わり、動植物相が大きく変化すると、温暖な気候のもと、大木（落葉広葉樹）が森を形成し、温帯型の小動物が駆け回るようになる。大量に採れる木の実を食材にするために、あく抜きや煮炊きができる土器、小動物を仕留める弓矢が作られて行く。食糧の安定供給が、人々の定住生活を促したのは言うまでもない。国分市上野原遺跡（大集落遺跡）は、その代表例である。北に霧島連山、南には桜島を臨む標高約二五〇メートルの台地から、竪穴《たてあな》住居跡（五二棟）のほか、燻製《くんせい》施設と考えられる連結土坑などの生活遺構が発見された。

南九州・鹿児島の縄文人は、北部九州から移住してきた渡来人を通して、弥生文化に触れている。北部九州と朝鮮半島は、地理的に近く、同じ生態条件を備えており、人々が頻繁に往来していた。縄文後晩期に限っても、結合釣り針（北西九州型）、石銛、貝面などが、両地域に分布し、両地域の土器が相互に発見されている（奈良文化財研究所編『日本の考古学』学生社）。福岡市の西新町遺跡、藤崎遺跡では、朝鮮半島系の土器が続々と出土し、朝鮮式竈《かまど》遺構も検出された。直径五センチ大の小玉形凹《へこ》みが並ぶ土製ガラス小玉鋳型は、半島南部の栄山江《ヨンサンガン》流域（全羅南道《チョルラナムド》）の出土品と共通している。北部九州に渡来した人々の一部が、より温暖で、食糧確保に有利な南九州・鹿児島へ移動し、先住民（熊襲《くまそ》・隼人）の縄文的環境に融合し、「共生」した。まさに、鹿児島は縄文文化と弥生文化の「交差点」の一つであり、弥生文化は大隅半島の高山、鹿屋地方から県下一円に波及している（原口虎雄『鹿児島県の歴史』山川出版社）。弥生時代は、稲作農耕と金属器の使用を特徴として持つ。高橋貝塚（日置郡金峰《きんぽう》町）、里村中町馬場遺跡（上甑島《かみこしきじま》）

では、大規模水田稲作集落として有名な福岡市板付遺跡と同時期の土器が出土した。土器の底部に稲籾の痕跡が発見され、稲穂を摘み取る石包丁も出土したことで、北部九州とほぼ同時期に、稲作文化が伝播したことが分かる。国分市の亀甲《かめこう》遺跡（地下式横穴古墳）からは、金銅製三累環柄頭大刀《さんるいかんつかかしらたち》（朝鮮半島南部に現存する五、六世紀頃の古墳から出土したものと同系統）が出土した。中村明蔵は、朝鮮半島から舶載《はくさい》されたものが伝世され、この地域に持ち込まれた後、八世紀に埋納されたと推測している（『隼人の古代史』平凡社新書）。

オバマ大統領の「共生」

朝鮮半島の人々が日本列島に渡来した要因は、彼の地における政治的混乱に求められる。紀元前後、朝鮮半島では、高句麗、百済、新羅（加羅を含む）など、古代国家が相次いで誕生した。四世紀以降、半島南部に存在した百済、新羅など、国家の連携、対立が繰り返された結果、多くの「亡国の民」が生まれている。彼らにとって、海峡を隔てた北部九州は、同じ文化圏に属する「格好の亡命地」であった。上垣外憲一《かみがいと》は、近世のヨーロッパとアメリカの関係に置き換え、朝鮮半島での生存競争に敗れた人々が、「未開拓の部分が多く、新たな人口を受け入れる余地の多い」日本へ渡って来たと指摘する（『倭人と韓人』講談社学術文庫）。渡来人の構成をみると、第一波（紀元前三世紀から紀元二世紀まで）は加羅・新羅系人、第二波（紀元四世紀後半から五世紀後半まで）は百済系人（古来《ふるき》）、第三波（五世紀後半から六世紀初頭まで）は百済系人（今来《いまき》）、第四波（七世紀後半）は百済・高句麗系人が大半を占めた。その総数については、日本列島における人口統計に大きな変動を及ぼす「一〇〇万人以上」（埴原和郎《はにはらかずろう》『日本人と日本文化の形成』）説など、諸説あるが、議論は尽くされていない。

バラク・オバマ大統領（第四四代・二〇〇九年一月就任）率いるアメリカ合衆国は、イギリス系、ドイツ系、アフリカ系など、異なるアイデンティティを持つ移住民たちで形成された多民族国家である。アフリカ系黒人の血をひく大統領の誕生は、「奴隷解放」や「公民権運動」など、差別と排斥の壁を打ち砕いた闘いの結晶として、合衆国における「共生」の歴史に新たな一ページを開いた。「なぜ六〇年足らず前だったら地元のレストランで食事をさせてもらえなかったかもしれない父を持つ男が、（大統領就任の）神聖な宣誓のためにあなたたちの前に立つことができるのか」と問いかけ、「多人種共生社会」へ向かう決意を明らかにしたオバマ大統領の姿は記憶に新しい。

日本列島でも、「文明の黎明期《れいめいき》」において、倭人は、新羅人（加羅人を含む）、百済人、高句麗人、唐人など、異なるアイデンティティを持つ人々と「共生」していた。六七〇年、庚午《こうご》年籍《ねんじゃく》（初の戸籍）が作られるまで、日本列島には「国」、「国民」という概念はなかったと、筆者は考える。他者を差別し、排斥する習慣はなく、異なるアイデンティティを持つ人々が「共生」できる環境にあった。加藤典洋は、「量的には倭人が三分の二程度の優勢を示しているとはいえ、文化的にはもとより社会的にも、新羅人、百済人、高句麗人、唐人等との間に優劣の関係はなかったと考えられる（もしあったとしても、それは倭人の劣性ということだったろう）」と、「共生」の実態を推測する（『「天皇崩御」の図像学』平凡社）。人類史を紐解くと、民族的形質が異なるグループが隣接居住した場合、「異化」よりも「同化」の道を選択するケースが多い。日本列島に「共生」した人々は、同じモンゴロイド系に属し、形質的な違いが少ないだけに、文化・民俗の相互浸透と混血がスムーズに行われたと考えられる。

昭和天皇の評価

六六三年の「白村江《はくすきのえ》の戦い」（ペクチョンガン・現在の錦江《クムガン》）以降、百済と高句麗から亡命してきた人々（第四波の渡来）の影響は大きい。学者、技術者が中央の官人となり、律令制国家建設の担い手になると、政治、軍事、殖産、文化のあらゆる面で「共生」が進む。『日本書紀』によると、六六五年に百済の男女四〇〇人余が近江国神崎郡（天智天皇四年二月条）に、六六九年に、鬼室集斯《きしつしゅうし》ら、男女七〇〇人が近江国蒲生郡（同八年条）に、それぞれ移り住んだ。鬼室集斯の墓は、蒲生郡日野町の鬼室神社に現存する。六六八年、近江大津宮で即位した天智天皇が、百済をモデルにした中央集権的な文治政治を目指したのは想像に難くない。六七一年、沙宅《さたく》紹明《しょうみょう》（法官大輔）、鬼室集斯（学職頭《ふみのつかさのかみ》）など、六〇人に日本の冠位を与えている（同一〇年条）。木素貴子《もくそきし》（兵法）、吉太尚《きつたいしょう》（薬学）ら、百済系知識人を賓客として招き、後継者（大友皇子）の教育に充てた。高句麗からの亡命王族（高麗氏《こま》）は、朝臣《あそん》を賜り、遣唐副使に任ぜられた高麗広山、遣渤海使《けんぼっかいし》となった高麗殿継など、外交分野に有為な人材を輩出している。東国に移住し、開拓事業に携わった人々の足跡は、武蔵国多磨郡狛江《こまえ》、武蔵国高麗《こま》郡高麗、甲斐国巨麻《こま》郡など、「コマ」の地名に刻まれた。古典文学の代表作『万葉集』も外せない。中西進は、出発点を「古代朝鮮からの衝撃力」に求め、倭が「百済の文化」を受け継ぐ過程で生まれた作品として捉えている（『万葉の時代と風土　万葉読本1』角川選書）。「百済野の萩の古枝に春待つと居りし鶯鳴きにけむかも」（一四三一年）と、渡来人の定住地・百済（奈良県広陵町）辺りの野にさりげなく思いを馳せ、春の到来を待つ心境を歌った山部赤人など、渡来系氏族の読み人は少なくない。「高麗錦《こまにしき》」「韓衣《からころも》」「高麗剣《こまつるぎ》」「韓帯《からおび》」など、朝鮮半島の文物が枕詞《まくらことば》に多用されている。

一九八四年九月六日、昭和天皇は、韓国大統領を歓迎する宮中晩餐会において、「顧みれば、貴国と我が国とは、一衣帯水の隣国であり、その間には、古くより様々の分野において密接な交流が行われて参りました。我が国は、貴国との交流によって多くのことを学びました。例えば、紀元六、七世紀の我が国の国家形成の時代には、多数の貴国人が渡来し、我が国人に対し、学問、文化、技術等を教えたという重要な事実があります」と発言した（「毎日新聞」九月七日付）。大和朝廷の子孫である天皇が、日本国誕生における渡来人の影響を認めた意義は大きい。

天皇家と百済

「共生」の波は、天皇家にも及んでいる。今上天皇は、二〇〇一年一二月に行われた記者会見で、「桓武《かんむ》天皇の生母が、百済の武寧《ぶねい》王の子孫であると『続日本紀《しょくにほんぎ》』に記されていることに、韓国とのゆかりを感じています」と発言し、大きな反響を呼んだ。『続日本紀』は、七八九年（延暦八）一二月の高野新笠《たかののにいかさ》の崩伝に、「后の先（先祖）は百済の武寧王の子純陁《じんだ》太子より出《い》ず」と明記している。桓武天皇は、白壁王（後の光仁天皇）と夫人（高野新笠）の間に生まれた。夫人の父親は、和乙継《やまとのおとつぐ》（渡来人）であり、母親は土師眞妹《はじのまいも》（出雲系人）である。明治以降、朝鮮蔑視の風潮と共に、日本の独自性を強調する国粋主義傾向が強まり、朝鮮半島文化の影響を是としない声が高まった。今上天皇が、自身の言葉を通して、歴史的な事実として広く知られていた天皇家と百済の関係を認めることで、日本人の歴史認識に一石を投じたのは疑いない。

天皇家には二系統（新羅系と百済系）の渡来人が関わっているという。前者は、三五〇年頃、加羅（新羅）から渡来した崇神天皇を始祖とし、後者は、四六〇年百済から崇神王朝に婿入りした昆支《こんき》こと応神天皇（倭王武）を始祖とする。応神王朝を出自とする『日本書紀』編纂グループが、「万世一系」の天皇神話を創った（林順治『隅田八幡鏡』彩流社）。天孫族を描く神話が映し出す新羅の影は濃い。『出雲国風土記』の「国引き神話」には、新羅から土地を引いてくるストーリーがあり、スサノオが降臨した曽尸茂利《そしもり》は、新羅の首都徐羅伐《ソラボル》だという。泊勝美は、天孫族の神話に触れ、朝鮮文化を引き継いだ古代日本人が、「祖先の渡来と始祖降臨とを天孫降臨に仮託した」と指摘する（『古代九州と朝鮮』新人物往来社）。

今上天皇の発言を受けて、「ニューズウイーク」（日本版二〇〇二年三月二〇日号）は、特集「天皇家と朝鮮」（六ページ）を掲載した。「天皇が結ぶ日韓の縁」と題した記事は、「約一七〇〇年前に朝鮮北部や旧満州から九州に渡来してきた騎馬民族が東に勢力を伸ばして大和朝廷を打ち立てた」と、江上波夫（東京大学名誉教授）が唱えた「日本人騎馬民族起源説」（一九六七年）に言及している。高松塚古墳など、渡来人が日本に与えた影響を示す物証にも触れた。記事は、高野新笠の墓（京都市西京区大枝沓掛町）の周辺に三〇年近く住みながら、「朝鮮人だなんて知らなかった」と、驚きを隠さない主婦の声を紹介しながら、「彼女たち日本人にとって、これは高野新笠という女性の歴史を知るいい機会ではないだろうか。それは日本人自身の歴史を知ることにもなるのだから」と結んでいる。天皇の発言が新聞一面を飾った韓国と比べて、日本におけるマス・メディアの反応は鈍く、発言をフォローする報道は少なかった。皇室問題を〝タブー〟とする風潮に終止符を打ち、「共生」の歴史を見つめ直す好機を逸したのは残念極まりない。

桓武天皇は、七八一年に即位し、政治・経済的大事業である遷都（平安京と長岡京）を実現した。日本が誇る世界遺産・京都の礎を築いた功績は小さくない。母方が渡来人である事実をカミング・アウトし、渡来氏族を重用した結果である。建築的側面からも、新しい都の建設は難事業であり、土木技術に長け、経済力に富む山背《やましろ》（山城）の豪族・秦氏のサポートは欠かせない。官房長官格の藤原種継《たねつぐ》（母親が秦朝元《ちょうげん》の娘）、初代造営大夫・小黒麻呂《おぐろまろ》（夫人が秦忌寸《いみき》島麻呂の娘）など、姻戚《いんせき》関係にある人物を政権中枢に据え、秦氏の財力、技術力をフルに活用した。『続日本紀』（七八四年一二月の記事）には、「山背国葛野《かどの》郡の人、外正八位下、秦忌寸足長《たるなが》、宮城を築き、従五位上を授けられる」と記されている。造宮亮《ぞうぐうのすけ》（七九六年）に任じられた菅野真道《すがののまみち》（百済系渡来人）、弾正尹《だんじょうのかみ》造営卿となった高麗福信など、秦氏以外の渡来人も平安遷都に携わった。現在、京都で行われている「時代祭」（一〇月二二日）は、七九四年、桓武天皇が平安新京に移った日に因《ちな》んでいる。

大隅の「秦王国」

秦氏は、九州・豊前に一大王国「秦王国」を築き、製鉄、土木、養蚕《ようさん》など、先進技術をもって、各地に勢力を拡大した。豊前の三角池《みすみ》、京都・大堰《おおい》川（桂川）の葛野大堰《かどのおおぜき》、河内の茨田堤《まむたのつつみ》は、優れた土木技術の結晶にほかならない。神奈川県秦野《はだの》市は、その名の通り、秦氏が開拓した平野である。『新撰姓氏録《しんせんしょうじろく》』によると、雄略天皇（第二一代・五世紀後半）の頃、秦氏は一万八六七〇人（九二部）を数えた。七世紀前半、秦河勝の代には相当な勢力を誇っていたと考えられる。

秦氏の足跡は、南九州にも及んだ。「秦」、「幡」、「幡多」の字が示す氏族ゆかりの地名（全国二二一ヵ所）にも、薩摩国薩摩郡幡利が含まれている（『和名抄《わみょうしょう》』）。大隅地方には、秦氏が集団的に住む「王国」が存在した。五世紀前後から六世紀前半にかけ、加羅（朝鮮半島南部）から豊前（当時は豊国）へ入り、日向（七世紀）を経て、大隅の地へ移住した人々である（大和岩雄『日本にあった朝鮮王国』白水社）。七一三年、大隅国が設置されると、律令体制を目指す大和朝廷と原住民の軍事衝突が続く（大隅隼人の反乱）。身の危険に晒された先住秦氏が、その防護策として、豊前から同胞を呼び寄せたのを機に、秦氏の本格的移住が行われた。『続日本紀』（七一四年三月条）には、「隼人は、昏荒《こんこう》野心（道理に暗く野蛮――筆者注）にして、未だ憲法《のり》に習はず、因《よ》りて豊前国の民二百戸を移して、相勧《すす》め導かしむ」と記されている。「相勧め導かしむ」という表現は、移住民の高い知的レベルを示唆してやまない。

移住民は信仰も持ち込み、国府平野の東に「韓国宇豆峯《からくにうずみね》神社」（国分市所在）、西に「鹿児島神宮」（元の鹿児島神社・姶良《あいら》郡隼人町所在）を建立した。前者の公式掲示板（国分市教育委員会）には、豊前国からの移住民による建立と、由来が明示されている。約五〇〇〇人を数える移住民が、国府平野から遠望できる霧島山系の最高峰・韓国岳《からくにだけ》を拝み、心安らかな生活を営んでいたのは想像に難くない。両社は、豊前の香春《かわら》神社（福岡県田川郡香春町所在）と宇佐八幡宮（大分県宇佐市所在）の関係を踏襲した。前者は、「新羅の国の神、自ら渡り到来りて、鹿春（香春）の河原に住みき」（「豊前風土記」）と記されているように、「加羅」（後の新羅）の国神「辛国息長大姫大目命《からくにおきながおおひめおおまのみこと》」を祀る。後者は、「ヤハタ」（八幡）の名が示すように、秦氏との縁が深い。宇佐八幡宮の『託宣集』（巻三）には、「辛国の城に始めて八流の幡を天降して、我は日本の神となれり」とあり、神職は秦氏系の辛島氏が務めている。渡来の神（加羅＝新羅）を祀る両社が「一体になって神事をとり行う」関係が「大隅国府の地」にそのまま移植された（中村明蔵「鹿児島神宮」『日本の神々・1』白水社）。「鹿児島神宮」が存在する姶良郡が、天正検地（一五七三〜九一年）の頃、「姶良《しら》郡」（新羅《しらぎ》由来——筆者注）と呼ばれていたのも偶然ではない（吉田東伍『増補大日本地名辞典』冨山房）。

文化の混合物

秦氏は、宮中雅楽寮の楽師から陰陽師（民間芸能の代表）まで、日本の芸能史に大きな足跡を残している。最も「日本的」芸能といわれる能楽も例外ではない。川上隆志は、能楽を「朝鮮半島由来の巫覡《ふげき》の芸能」であり、「日本の土俗的、縄文的精神性」と融合し、集大成された芸能として捉えている。「ひとつの日本」として日本文化を捉えるのではなく、「いくつもの日本」として日本文化史を描き直す必要性を説く（沖浦和光・川上隆志『渡来の民と日本文化』現代書館）。日本文化とは、列島に「共生」した人々が織りなす「文化の混合物」にほかならない。「三社祭」の地・浅草で、毎年サンバ・カーニバルが行われ、「国技」と言われる大相撲の世界で、白鵬（モンゴル出身）が横綱を、把瑠都《ばると》（エストニア）、琴欧州（ブルガリア）が大関を張っているように、「混合作業」は現在も続いている。世阿弥が記した『風姿花伝』によると、推古天皇の御世に、秦河勝が聖徳太子の命を受けて、天下安全を祈願し、諸人快楽のために行った六六番の遊宴を「中楽《さるがく》」と呼んだという。河勝の遠孫がその芸を継承し、大和と近江を中心に春日・日吉社の神職を務めた（『世阿弥・禅竹』「日本思想大系」24）。室町期には、大和猿楽四座、結崎《ゆうざき》（観世）・円満井《えんまい》（金春《こんぱる》）・坂戸（金剛）・外山《とび》（室生）が存在している。将軍足利義満は、初めての猿楽鑑賞で、観阿弥・世阿弥親子の演技に魅せられ、観世座の熱烈な後援者になった。世阿弥（本名は秦元清）は、『風姿花伝』（第四神儀云《しんぎにいわく》）の中で、祖先を河勝と明記している。円満井座の金春禅竹《ぜんちく》も、『明宿集』が「秦氏安《うじやす》より、今に於きて、四十余代に及べり」と記しているように、秦氏の血を受け継いだ。

歌舞伎の名門「高麗屋」（九代目松本幸四郎）に秦氏の血が流れている事実はあまり知られていない。祖父である七代目幸四郎（本名は秦金太郎）は、幼くして、二代目藤間勘右衛門の養子となり、九代目団十郎の門に入った。市川金太郎、染五郎、高麗蔵を経て、一九一一年に七代目幸四郎を襲名している。彼の長男は「成田屋」（一一代目市川団十郎）、次男は「高麗屋」（八代目幸四郎）、三男は「音羽屋」（二代目尾上松緑）を継いだ。八代目の子が当代の松本幸四郎である。ミュージカル「ラ・マンチャの男」千回公演を成し遂げるなど、九代目の活躍は歌舞伎の世界に留まらない。ちなみに、帝国劇場社長に就任（一九五〇年）し、日本でのミュージカル育成に大きな功績を残した秦豊吉は、七代目幸四郎の甥（兄の長男）である（小谷野敦『日本の有名一族』幻冬舎新書）。鹿児島県下に、悠久の時を経て、秦氏の血統を受け継ぐ人々（一五家）が存在する事実は喜び極まりない（牧野登編著『「秦王国」と後裔たち――日本列島秦氏族史』秦氏史研究会）。

二　島津氏・薩摩藩と朝鮮の交流

西郷隆盛が禄を食《は》んだ島津氏・薩摩藩と朝鮮半島を結ぶ絆は意外と太い。島津氏は、守護大名から戦国大名へ、そして近世大名へと、連綿と続き、明治維新を迎えた。内部抗争（総州家と奥州家の対立）、豊臣秀吉の九州征伐、関ヶ原の役（西軍に参加）など、存亡の危機を乗り越え、七〇〇年間、発祥の地・薩摩を治めた稀有な歴史を持つ。七世紀に及ぶ歴史の一ページが朝鮮半島との交流、朝鮮人との「共生」に当てられている事実を見落としてはならない。島津家当主が、朝鮮との親密な関係（交易も含め）をテコに、求心力を高め、経済的基盤を築いた時期もある。一三九五年から一五〇四年までの一一〇年間に、延べ二三〇人の使者が朝鮮に遣わされた（『李朝実録』）。一世紀を超える期間、朝鮮から「生の情報」が絶えなかった効果は小さくない。文禄・慶長の役（壬辰倭乱《イムジンウェラン》・丁酉再乱《チョンユチェラン》）と、二度の侵略を機に「拉致」されてきた人々も、薩摩社会の発展に大きく貢献した。

秦氏の末裔

島津氏は、出自を辿《たど》れば、惟宗氏《これむね》(秦氏)に行き着く。初代惟宗忠久は、一一八五年、島津荘下司職に任じられたのを機に、その姓を名乗った。一一九七年一二月三日付の「忠久に対する源頼朝の下文」には、「左兵衛尉惟宗忠久」とある(島津家文書)。忠久は、惟宗広言《ひろこと》と丹後内侍《たんごのないし》(頼朝の乳母・比企尼の長女)が、近衛家(京都)に仕えた時に結ばれ、生まれた(本郷和人『人物を読む日本中世史』講談社メチエ)。近年の研究は、源頼朝の「御落胤《ごらくいん》」説を否定しているが、島津家の「公式記録」はその限りではない。第三二代当主島津修久《のぶひさ》(島津興業代表取締役会長)は、「島津氏正統系図」に基づき、「源頼朝の長庶子説」を採る立場は、「今後とも変わることはない」と言い切る(『薩摩のキセキ』薩摩総合研究所「チェスト」編著)。百済との関係を認めた今上天皇の発言を踏まえると、「共生」の歴史に背を向ける姿勢は理解に苦しむ。

惟宗氏は、秦氏の末裔であり、代々、明法博士《みょうぼう》(法律学者)を務める名門家系である。『三代実録』によると、八八三年、秦宿禰《すくね》氏、秦公氏、秦忌寸氏の一九人が惟宗朝臣の氏姓を賜った(志村有弘編『姓氏家系歴史伝説大辞典』勉誠出版)。允亮・允政・道成ら、明法博士以外に、太宰府官人・諸国職を輩出し、勢力が各地に拡がると、異なる苗字を称す。南九州においては、市来氏、国分氏、執印氏、五代氏、平野氏、羽鳥氏、大寺氏などが惟宗氏から枝分かれした(三木靖『戦国史叢書10　薩摩島津氏』新人物往来社）。太宰府の官人惟宗氏が「武士化」したのが、対馬藩の宗氏である。ちなみに、土佐の長宗我部《ちょうそかべ》氏も、平安末期、信濃から移住した秦能俊《よしとし》（河勝の子孫）を祖先に持つ。武田信玄のもとで、黒川金山を開発し、徳川家康のもとで、佐渡金山奉行、全国金山奉行を務めた大久保長安（本名は大蔵藤十郎・秦長安）も、秦氏の末裔である。

郷中《ごじゅう》教育

西郷隆盛は、島津氏・薩摩藩の独特な士風を体現し、幕末維新の表舞台に躍り出た。「道義の人」、「矛盾の人」、「高士」など、様々な評価がなされているが、勇猛果敢さと潔さを兼ね備えた薩摩隼人の典型であるのは論を俟たない。薩摩隼人は、二〇年に及ぶ「郷中教育」（兵児《へこ》二才《にせ》制度）を通して、形成されて行く。郷中（方限《ほうぎり》）と称する地域毎《ごと》に、少年が集団を作り、自治教育を行う独特なシステムである。小稚児《こちご》（六歳から一〇歳まで）、長稚児《おせちご》（一一歳から一五歳頃まで）、二才《にせ》（一五歳頃から二五歳頃まで）が、それぞれ集団を作り、研鑽を積む。小稚児集団は長稚児集団に、長稚児集団は二才に指導を仰ぐという年功序列の指導体系を有し、戦時には軍団として機能する特徴を持つ。一．負けるな（剛勇）、二．嘘をつくな（礼儀、誠実）、三．弱い者をいじめるな（情け、思いやり）、四．議を言うな（不言実行）の中心指標を掲げ、武芸を磨き、人間としての潔さを備えて行く。死と向き合い、己を研鑽する姿に驚く人は少なくない。平戸藩主松浦静山《まつらせいざん》は、著書『甲子夜話《かっし》』（江戸中期の風俗見聞記）において、薩摩の士風を「男伊達（武侠）の党」と評している。「銃を天井から吊るしてクルクル回し、玉が誰に当たるかわからないのに、二才たちは動かず、避けもしない、当たっても、患《うれ》えず、哀しまず……狂勇の所業を、くりかえす」と、荒修行ぶりに驚愕を隠していない。薩摩の方言「きれいご免さあ」は、命に執着せず、いつでも恬淡と捨てる覚悟を表した言葉である。薩摩武士にとって、死ぬことは敗北ではない。たとえ尾羽うち枯らして死んでも、きれいな死に方をすれば、見事生き切ったことになる。『南洲翁遺訓』の有名な一節、「命もいらず、名もいらず、官位も金もいらぬ人は、始末に困るもの也。この始末に困る人ならでは、艱難《かんなん》を共にして国家の大業は成し得られぬなり」の主旨も、その延長線上にあるのではないだろうか。

「郷中教育」の文事的内容は、五種類（講義物、読物、輪読物、軍事読物、暗誦物）で成り立つ。薩摩・大隅・日向の三州を統一するまでの苦難、秀吉の九州征伐に抗して、領土を守り通した外交など、島津家の輝かしい歴史と、赤穂浪士の仇討（『赤城《せきじょう》義臣伝』の輪読会）など、武士の生きざまに関する故事が含まれている。朝鮮半島で勇名を馳せた義弘に関する記述は少なくない。「虎狩物語」（暗誦物）は、虎肉（薬用）を捧げよとの秀吉の命令に接し、義弘・忠恒父子が昌原《チャンウォン》（全羅道《チョルラド》）近くの山中で虎狩りをする場面を描いた（約一〇〇〇字）。漢詩（七言体）八二行で綴られた島津家当主の記録である『薩隅日三州府君歴代歌』は、義弘の活躍を一〇行に纏めている。「武威世に振うて重きこと千鈞なり、啻《ただ》に誉声我国を動かすのみにあらず、朝鮮八道は名を誦すること頗《すこぶ》りなり」と、称賛は尽きない。年中行事「栗野踊り」（毎年七月一三日）は、朝鮮出陣の際、正若宮八幡宮で、義弘が自作の歌に合わせて、「必勝を得る瑞祥《ずいしょう》の舞踊」をさせた故事に因んでいる。

新羅の「花郎《ファラン》」

「執持《とりもち》稚児」（稚児様）を奉じる風習は、名門出身の一二、三歳の美少年を「殿様の代わり」とし、藩主への忠誠心を養うシステムとして、異彩を放つ。薄化粧に、着飾って、神社の祭礼に奉じられる「執持稚児」も、戦時には、我軍の兵士を鼓舞する役目を担う。「天草の乱の際、山田昌厳は子息松之介を大将として、出水《いずみ》境目の主将とした。時に松之介は年一三歳、類ない美少年である上に、花やかに装い立てて第一陣に進めたれば、老若ともにその馬前に死を決して闘った。この時の出水兵児の歌曲に、『松様を小せきに乗せてイヨサ云云』と唱えた」というエピソードが伝えられている（溝口武夫翁談・鹿児島尋常高等小学校編『健児社物語』）。一五八四年に起きた龍造寺氏との戦に、家久の嫡子・豊久（一五歳）も、「稚児様」として、出陣した。愛宕《あたご》神社（出水）

に参詣した際、「稚児様」が社前で転び、不吉の前兆として、兵士の気勢が削がれている。新納《にいろ》忠元は、「愛宕詣りに袖を引かれた。そらそれも愛宕の御利生かや、面白やのう、方々」（士踊りの歌詞八番）と歌い、凶兆を吉兆に変え、士気を高めた。

薩摩藩特有の青少年教育システムは、新羅の「花郎」（貴族子弟の教育制度）に源流を求められる。五七五年、新羅の真興王《チヌンワン》（五四〇〜五七六年）は、眉目秀麗で、文武両道に秀でた若者を親衛隊とすべく、「花郎」を設けた。『三国遺事《サングクユサ》』は、その目的に触れ、「衆徒を集めてその中から人材を選抜し、これを教うるに孝悌忠信をもってしたが、これもまた治国の大要であった」と記している（巻三「弥勒仙花《ミルクソンファ》」条）。「花郎」に選ばれた若者は、国費で特殊な軍事教育を受けるが、彼の元には三〇〇から一〇〇〇人ぐらいまでの郎徒が集う。ずば抜けて優秀な人物は、「国仙《ククソン》」と呼ばれ、尊敬と憧れの的となった。百済征討に大きな貢献をした英雄金庾信《キムユシン》も、一八歳（六一二年）にして、「国仙」に選ばれている（「金庾信」条『三国遺事』巻一）。

「花郎」は、一．君には忠を尽くす（事君以忠）、二．親には孝を尽くす（事親以孝）、三．友に交わるには信あるべし（交友以信）、四．戦に臨んでは退くべからず（臨戦無退）、五．殺生には時を選ぶことあれ（殺生有擇）と、五ヵ条（世俗五戒）を遵守し、心身の鍛練と教養の向上に努めた。「花郎」の活躍によって、新羅は三国統一（六七六年）を成し遂げたと言われるほど、その評価は高い。現在も、韓国では陸軍士官学校（所在地・ソウル市花郎台《ファランデ》）の出身者は「花郎《ファラン》徒《ド》」と呼ばれ、新羅の古都・慶州《キョンジュ》には「花郎教育院《ファランキョユグォン》」が存在する。

三品彰英《みしなしょうえい》は、「花郎」の歴史と習俗を纏めた著作の中で、粧飾した美少年を奉じる薩摩習俗との共通点を明らかにした（『三品彰英論文集第六巻・新羅花郎の研究』平凡社）。「遊娯山水《ユゴサンス》、無遠《ムウォン》不至《プルチ》」（『三国史記』巻四）とある「花郎」の山水遠行を、「山坂の達者可心懸事」（新納忠元手書「郷中規約」二才咄格式定目）とする「郷中」の山野遠遊に擬えている。双方とも、軍事訓練的性格と聖地巡礼的性格を併せ持つ。「花郎」は、霊峰・金剛山《クムガンサン》（主に海金剛《ヘクムガン》）をはじめ、江原道《カンウォンド》、慶《キョン》尚道《サンド》の名勝地を遠遊し、「郷中」は「妙円寺詣り」（九月一四日、関ヶ原の役の苦難をしのび、義弘の菩提寺《ぼだいじ》まで夜行軍する）など、島津氏歴代当主の功績を伝える寺社を詣でた。「秦王国」の中心地であった国分・出水では、秋の彼岸に霧島詣り（韓国岳）が行われるなど、新羅的色彩をより強く帯びている。民族（氏族）の伝統と先人の功績を学び、山川に遊娯することで、志操を練り、身体を錬成する、戦時は良き戦友として、平時は心を一つにして、国家（藩）に仕える主旨に大きな差はない。

聖徳太子の弥勒信仰

「花郎」の思想的背景には、弥勒《みろく》信仰を重視する新羅仏教が存在する。弥勒は、仏教世界観によると、「兜率天《とそつてん》」(修行段階)であり、五六億七〇〇〇万年後に下生し、衆生《しゅじょう》を救う未来仏である。弥勒信仰は、三世紀にインドで生まれ、中国を経て、朝鮮半島に伝わり、三国時代(高句麗・百済・新羅)に頂点を迎えた。戦乱の世で、人々が希望を繋ぐ心の拠り所となるが、新羅では、未来の人々を救うばかりではなく、現世を動かす役割が与えられた。「花郎」を弥勒菩薩の化身とする考え方である。

新羅の弥勒信仰は、秦河勝を通して、聖徳太子に伝わった。京都(太秦《うずまさ》)にある広隆寺の本尊・弥勒菩薩半跏思惟像《はんかしい》(宝冠弥勒・日本の国宝第一号)は、その物証である。六二三年、秦河勝が聖徳太子の追善供養として寺を建立した際、新羅国王から贈られた。「宝冠弥勒」の左隣には、もう一つの半跏思惟像「泣き弥勒」(国宝)が安置されている。中宮寺(奈良・斑鳩《いかるが》)の本尊も、漆黒像《しっこく》(木造)の美しいフォルム(右手を頬に添え、右膝を左膝に載せる姿勢)と、「一切の惨苦《さんく》を征服した後の永遠の微笑」で、数多《あまた》の学者、作家を魅了した(亀井勝一郎《かついちろう》『大和古寺風物誌』新潮文庫)。弥勒菩薩半跏思惟像は、国際美術史上数少ないアルカイック・スマイル(古典的微笑)の典型として評価されており、エジプトのスフィンクス、レオナルド・ダ・ヴィンチのモナリザと並んで、「世界の三大微笑像」に数えられる。

聖徳太子(厩戸皇子《うまやどのみこ》)は、「日本の花郎」であった。五八七年、蘇我馬子が物部守屋大連《おおむらじ》を滅ぼす戦に、「花の顔《かんばせ》」の太子(一四歳)が参戦し、我軍の士気を高めている。豪族の若き子弟も多数参戦した。新羅の「花郎」制度が創設（五七六年）された一一年後の出来事である。軍政を務めた秦河勝にとって、太子は「束髪於額《ひさごはな》の美少年」であり、まさしく「花郎仙花」であった（谷川健一『四天王寺の鷹』河出書房新社）。当時、一五、六歳の少年は束髪於額（瓢《ひさご》の花に模《かたど》った髪を額に束ねる）であり、一七、八歳になると、角子《あげまき》（髪を左右に分け、両耳の上に巻いて、輪を作る）にする。戦の先頭に立った太子は、守屋の邸宅（河内郡渋河）を攻めあぐむと、白膠木《ぬりで》（霊木）で四天王像を作って、「今若し我をして敵に勝たしめたまはば、必ず護世《ごせ》四王《しおう》のみために寺塔を立てむ」と誓約した。後に、四天王寺を建立したが、「金堂中尊　大同縁起に弥勒と注」（『太子伝古今目録抄』）とあるように、本尊は弥勒半跏像と推測されている（田村圓澄「半跏思惟像と聖徳太子信仰」『新羅と飛鳥・白鳳の仏教文化』吉川弘文館）。

秦河勝は、その出自から、新羅外交に深く携わっていた。『日本書紀』（六一〇年七月条）によると、新羅の使者（竹世士《ちくせいし》）を朝廷に案内する導者を務めている。新羅との関係は、九二九年（延長七年）までの期間（約三世紀）、使者が七五回も来日することで、緊密度を増す（上田正昭『歴史に学ぶ　古代から現代へ』学生社）。新羅の僧侶、外交使節を通して、弥勒信仰が系統的に伝えられたのは想像に難くない。聖徳太子の姿が島津豊久に重なるように、弥勒信仰のエッセンスは、惟宗氏を経て、島津氏へ受け継がれた。

稲荷神

島津氏は、秦氏の遺産として、稲荷信仰も継承している。京都（太秦）に本拠地を構えた秦氏は、伏見・稲荷大社（全国稲荷神社の総本社）を氏神とした。境内には、始祖（秦氏）を祀る長者社が存在し、明治に至るまで、大社の上級神官職は秦氏が務めている。現在は、商売の神様として扱われているが、本来は農業の神様であった。『山城国風土記《やましろのくにふどき》』によると、秦《はたの》伊侶具《いろぐ》は、稲をたくさん収穫し、富み栄えた、餅を的にして弓を射たところ、それが白い鳥となり、山頂に止まる、そこに稲が生えたので、社を建てたという。稲がなる（イネナリ）という言葉が訛り、稲荷になった。餅に内在する稲魂《いなだま》が、白い鳥という形に具現化され、穀霊《こくれい》として祀られたという伝承である。穀霊は、田の神の使者・狐と結びつく。狐は、山に餌が乏しくなる寒の時期、里に降り、稲田付近で食物をあさる習性から、稲と結びつき、田の神の使いとされた。狐の古語「キツ」と食物神の古語「ミケツ神」が結びつき、「ミケツ神」に「三狐神」と宛字された経緯は、穀霊と狐の習合を物語る（谷川健一『神・人間・動物』講談社学術文庫）。

島津氏も、忠久以来、稲荷神を祀り、狐を守り吉祥獣とした。鹿児島市清水町の稲荷神社は、忠国が市来の稲荷社を遷《うつ》したものとされ、島津家当主が吉例に参詣した五社の一つである（他は諏訪・祇園・春日・若宮神社）。氏久は、一三六七年、下大隅（現在の垂水市、鹿屋市西部）の稲荷社に対して、「戦場において奇瑞有り」として、郡内の田地を寄進した。『薩藩旧記雑録』は、「狐火示佳瑞」、「発狐声告佳瑞」と、狐神の御利益を伝えるエピソードに事欠かない。島津忠恒《ただつね》（義弘の子、後の家久）の書状（一五九八年一〇月二二日付）は、「泗川《サチョン》の戦い」（朝鮮から撤兵する道を開いた戦）において、戦場に出現した白狐、赤狐の不思議な力に導かれ、兵士たちが奮闘したと記している（島津家文書）。西郷隆盛も、彰義隊との戦争（一八六八年五月）の折、霊狐に関する報告を受けていた。大久保利通・吉井友実に宛てた書簡（五月二日付）は、宇都宮城の奪回戦、白河城の攻撃戦に「時々白狐が現われた」と指摘し、「稲荷大明神の加護」で、士気が昂揚したと伝えている。

コッドン祭

稲荷信仰の由来に関わる「餅を的とする行為」は、年の始めに、天地四方の悪魔を祓《はら》い、世の泰平と、五穀豊饒《ごこくほうじょう》を祈る儀礼（神事）として、後世に伝わった。元禄時代（一六八八年から一七〇四年まで）に記された秦氏一族の毛利公治撰『水台記』（『稲荷大社由緒記集成』祠官著作篇）は、神事「御弓始」の由来を秦伊侶具に求めている。薩摩に伝わる民俗行事もその色彩が濃い。田代村麓の狩長《かりなが》神社（北尾神社に吸収）では、大正期（一九三〇年代）の初めまで、「柴の口明け」行事が行われていた。旧正月二日の深夜から三日の夜明けにかけて、神官（シバボイ）が鉾柴を持ち、笛、太鼓ではやしながら、部落を通り、村境まで行く。柴に幣をつけたものを立て、締縄を張った後、持参した鏡餅を「シシが来たぞ」と言いながら転がすと、下級神官（シタボイ）が弓矢で射る。射た餅を切り、苞《つと》（藁《わら》の器）に入れ、村長、長老たちに「シシ肉」として配った。行事終了をもって、「シバンクッ（柴の口）が明いた」とされ、狩猟が解禁される。

弓の代わりに鉄砲を使うケースも少なくない。垂水市中俣の今宮神社では、正月三日の早朝、シシ肉に見立てた鏡餅を置き、鉄砲（二発）で撃った後、シバ火で焼いて、食する神事（コッドン祭）が行われている。鹿屋市下高隅でも、旧正月三日、狩人が中津神社に参り、高隈山麓の広場で、大きな鏡餅を鉄砲で競射し、皆に分けるカン狩り（神狩）行事が存在したが、現在は行われていない。神事は遊戯化され、昭和初期まで、ハマ（円形の板）を投げて、転がってくるのをハマウチ棒で打ち止めるハマナゲ（破魔投げ）が、正月の遊びとして、県下で広く行われていた。垂水市牛根にある居世《こぜ》神社（居世神《こぜがみ》部落）と神子畢《こーしひつ》神社（辺田部落）の神事も「コッドン祭」と称するが、「コッドン」は「コーシドン」、「コーセドン」とも発音される（小野重朗『農耕儀礼の研究』弘文堂）。コリアンにとって、「居世」、「コーセドン」は新羅の始祖・朴赫居世《パクヒョクコセ》と容易に結びつく。新羅の建国神話には、紀元前五七年、姓を朴《パク》、諱《いみな》を赫《ヒョク》という居世《コセ》（首長）が、辰韓（斯盧《サロ》）の六つの小国を統合し、徐羅伐《ソラボル》を建国したとある。王位は、朴氏から昔《ソク》氏、そして金氏に受け継がれ、第二二代の智証王《チジュンワン》（在位五〇〇～五一四年）の時に、国号が新羅に改称された。大隅地方に「秦王国」が存在した事実を踏まえると、新羅の始祖を祀る神事が代々受け継がれてきたとしても不思議ではない。「韓」を「辛」と表記し、出自を曖昧にした豊前の「秦王国」に比べて、大隅の「秦王国」は、「韓国宇豆峯神社」、「韓国岳」など、出自に拘りを持っている。その傾向は、鎌倉時代に大隅・薩摩の守護となった惟宗氏（島津氏）に受け継がれ、「郷中教育」に反映されたのではないだろうか。

海上の道

島津氏は、領地の地理的特性を踏まえ、朝鮮半島との交易に強い関心を持っている。古来、薩摩（現在の鹿児島県西部）、大隅（鹿児島県東部）、日向（鹿児島県の一部と宮崎県）は、日本本土、朝鮮、琉球、中国大陸南部、東南アジアを船で結ぶ「海上の道」における扇の要であった。坊津《ぼうのつ》から釜山港までの距離は、大隅半島の志布志《しぶし》から紀伊半島の先端・潮岬（和歌山県）までの距離にほぼ等しい。薩摩・大隅の地から九州西岸に沿って航行すれば、朝鮮半島には容易に着ける。山川、坊津、志布志など、良港を拠点にした朝鮮交易の利益は小さくない。

朝鮮半島との交流を深める契機は、「倭寇《わこう》」（朝鮮半島、中国沿岸部を荒らした海賊）によって拉致された朝鮮人（被虜人）の送還にあった。『朝鮮王朝実録』（一三九五年四月条）には、「日本薩摩守総州藤伊久《とうこれひさ》、被虜人口を発還す。また中《なか》伊集院太守藤原《とうげん》頼久、臣と称して奉書し、礼物を献じ、我が伝々して到来せる人口を帰す」と記されている。李氏朝鮮の建国（一三九二年）から四年目に、薩摩（島津本家と一門）から使者が遣わされた事実には驚く。「倭寇」は、高麗期、すでにその存在が問題視されていた。『高麗史』には、「倭、金州《クムジュ》（慶尚南道金海《キョンサンナムドキメ》）に寇す」（一二二三年）とあるが、日本人の海賊行為が記された最初の記録である。日本側の記録としては、藤原定家日記『明月記』（一二二六年）が、「松浦党と号する鎮西凶党が、数十艘の兵船を構えて高麗国の別島へ行き、合戦して民家を滅亡させ、銀器などを掠めとった」と記す。メンバーには薩摩出身者が多く、坊津、山川、指宿、種子島などが根拠地として知られていた。『異称日本伝』（改訂『史籍集覧』）は、「高麗と近く毎《つね》に相往来す」と、種子島に触れている。

当時の中央政権（室町幕府）は、朝鮮半島との交隣体制、通交貿易の確立を目指していた。将軍足利義満は、一三八一年八月、大隅守護（今川了俊）に宛てた御教書《みぎょうしょ》において、「当国悪党人等渡高麗致狼藉由事、厳密可加制止」と、取締りを命じている。一四〇一年に朝鮮へ使者を遣わし、その二年後（一四〇三年）に朝鮮使節の来日を実現させた。朝鮮王世宗《セジョン》も、「日本国に百篇の尚書（書経）有りと聞く。通信使をして請来すべし。かつ倭紙堅靭《けんじん》、造作の法もまた伝習すべし」と、日本との交流に強い関心を寄せている（『朝鮮王朝実録』巻四一）。日本の正式使者は、「客倭」として接待され、格によって、上京（漢城《ソウル》）した。

友好は交易を促し、朝鮮から、木綿、米、豆、人参、皮類（虎や豹など）、高麗大蔵経《コリョテジャンギョン》、仏具などが輸入されている。当時の日本に無い木綿は珍重され、大量に輸入された。高麗大蔵経（残欠本）は日本各地に現存するが、増上寺（東京）、東本願寺（京都）に伝わる印本が完本に近いという。日本からは、銅、錫、硫黄などの鉱山物品、漆器《しっき》、扇などの工芸品、胡椒、蘇木（染料）、犀角（薬品）、沈香（香木）など、東南アジア産品が輸出されている。室町幕府が輸出する硫黄が島津氏によって調進されていた事実は見落とせない。『海東諸国記《ヘドンチェグクキ》』（申叔舟《シンスクチュ》編纂・一四七一年）は、主要産地としての硫黄島（竹島、黒島と共に、三島《みしま》を構成する）の存在に触れている。編纂者申叔舟は、領議政《リョンウィジョン》（首相）など、政府要職を歴任した政治家ではあるが、朝鮮通信使の書状官として来日（一四四三年）した経験を持つ。彼は、臨終に際し、「願わくは国家、日本と和を失う勿《なか》れ」と、時の王（成宗《ソンジョン》）に言い遺した（前掲『増正交隣志』）。

通詞の養成

島津氏は、一四〇六年に薩摩州傍官元帥《ぼうがんげんすい》と伊集院頼久、一四〇八年に日向州地公河《ちこうが》、一四一〇年に市来寓鎮《ぐうちんぞう》蔵親家、一四一五年に藤原頼時、一四二三年に島津久豊、一四二七年に伊集院頼久と、本家、一門こぞって、朝鮮人の送還に勤しんだ。薩摩の地に相当数の朝鮮人が存在した実態が浮かび上がる。被虜人の返還は、相応のメリットを伴うが、前述の久豊の場合、礼曹判書金《キム》如知《ヨチ》の名で、虎皮、人参などが贈られた。世宗期、被虜人一名に対する回賜（返礼の贈り物）は綿布一〇匹である。

薩摩の地に漂着した漁民の存在も無視できない。一五九九年から一八七二年（二七四年間）まで、漂着は二五件（一〇年に一回弱の割合）を数えた（池内敏『近世朝鮮人漂着年表（稿）一五九九―一八七二年』私家版）。『朝鮮王朝実録』（一四五三年五月一一日条）には、一四五〇年に臥蛇島《がじゃとう》に漂着した四人中、二人が薩摩に残り、二人が琉球に連行されたと記されている。薩摩藩は、漂流民対策として、朝鮮通詞を養成していた。朝鮮語読本『漂民対話』（一八三六年製作と推定）の例を挙げる。漂流民に対する救助活動に触れた上巻、薩摩から長崎への護送途中で交わされた伝語官（対馬藩派遣の通詞兼護送人）と漂流民の対話を収めた中巻、漂流船の補修、朝鮮船と日本船の比較を記した下巻と、三巻で成り立つ。中巻に収められた対話の中で、伝語官は「今回は思いがけない縁から出会うことになったが、一見して古き友人のようであり（一面《イルミョン》如旧《ヨグ》）、誠に同郷の人のようであった。遠からず離別することとなるが、私に宿ったあなたへの情（懐包《フェポ》）は消えることはなかろう」と、素直な感情を吐露している（河宇鳳《ハウボン》『朝鮮王朝時代の世界観と日本認識』明石書店）。初歩的レベルを超えた内容を踏まえると、朝鮮情報を体系的に蓄積、研究する人材がいたのは疑いない。
朝鮮との交易状況を伝える一例として、一三九四年に購入された高麗製銅鐘を挙げる。当初、内山寺（市来市）に納入されるが、後に薩摩藩の本府大乗院の末寺・大日寺（日置郡東市来町長里）に移された。『薩州日置郡市来鳳凰山遍照院《ほうおうざんへんしょういん》大日寺由緒』（一七八七年二月二〇日付で、記録方御用系郷士年寄衆中宛に出された文書の控え）には、次のように記されている。

一．鐘一口
但し高麗鐘
右銘の写し　右の通り
祇園に金鐘《きんしょう》あり。劫初《ごうしょ》、輪王の造るところにして音声《おんじょう》高妙《こうみょう》、判済広大《はんせいこうだい》（中略）
大日本国薩州市来院内山《うちやま》寺に銅鐘あり。初め高麗人、船に載せて至る。時に沙門《しゃもん》定範《じょうはん》、沙弥《しゃみ》道金《どうきん》、並びに了円《りょうえん》、銭に合わせてこれを買い、しかして以て、本寺に捨入《しゃにゅう》す。即ちこれたり。
銘して曰《いわ》く、
万物に形あり、形あれば必ず声《おと》す。声は各々異なるといえども、互いに縁鳴《えんめい》を持つ。（下略）
明徳五年季《き》甲戌林鐘《かのえいぬりんしょう》初日（一三九四年六月頃――筆者注）
大檀那《おおだんな》前《さきの》筑前守大蔵忠家

住持比丘《びく》権律師《ごんりつし》定範　謹銘

鐘を購入、寄進した大蔵忠家は、朝鮮への遣使者として、『朝鮮王朝実録』に名が記載されている。朝鮮建国二年後に、市来で銅鐘の売買が行われていた事実から、薩摩半島西部も、日本商人（和冦的性格を帯びた）と朝鮮商人が往来する交易地であったと推測できるのではないだろうか。

慣例化した使節派遣

島津氏は、朝鮮との関係を権力強化に利用した。草創期、徳川幕府が朝鮮通信使を招聘し、その権威を誇示したケースと軌を一つにする。久豊は、一四二三年元月、「日本国日向・大隅・薩摩三州太守源朝臣久豊」の名で、朝鮮へ使節を派遣した。室町幕府から守護職を補任（一四二二年）された翌年のことである。一四二六年に忠国が、一四七一年に立久が、使節を派遣した事実を踏まえると、守護職補任の翌年における派遣が「慣例化」していたのは疑いない。既述したように、伊集院氏は、「伊集院太守藤原頼久、称臣奉書」と、臣下の礼を取っている（『朝鮮王朝実録』一三九五年四月条）。交易が活性化され、太宗《テジョン》期（一四〇一～一七年）以降、内容において、島津本家を凌ぎ、「伊集院氏が優位」に立つ状況が作られた（田村洋幸『中世日朝貿易の研究』三和書房）。

朝鮮からの輸入品は、室町幕府との関係強化にも使われている。元久（大隅守護）は、一三九三年六月、幕府に使者を遣わし、虎皮三枚と豹皮二枚（朝鮮産）、梅絵四幅、料足一万疋（銭一〇万銭）を献上した（『薩藩旧記雑録』）。三国（薩摩・大隅・日向）守護職（一四〇九年）に補任された翌年六月に上洛し、将軍足利義持の謁見を受けた際のエピソードは興味深い。献上品には、虎皮、人参など、朝鮮産品が含まれていた。進物が披露された時、畠山詮春《あきはる》が将軍近習らに戯れて、「島津殿今日の進上の麝香未だ櫃底に有らん、探り取るべし」と言った。元久が随従の家臣が所持していた麝香を盆に盛り、座上に置くと、将軍御前を憚《はばか》らず、人々が取り合ったと伝えられている。

「倭寇的商人」を担い手とする非公式ルート（密貿易）も存在した。貿易の利益が大きいだけに、西国各地から朝鮮へ渡航する人の数は増え続ける。朝鮮政府は、一四三八年八月、対馬・宗氏との間で、文引（証明書）制度を導入し、貿易一元化を図った。宗氏が発給する文引がない場合、海賊船として扱われる。薩摩の使者も、半島南部の富山浦《プサンポ》（現在の釜山）、塩浦《ヨムポ》（蔚山《ウルサン》）、薺《チェ》浦《ポ》（熊川《ウンチョン》）を往来するが、交易は縮小の一途を辿り、公式には、一四九九年に途絶えた（『燕山《ヨンサン》君日記《グンイルギ》』）。非公式ルートの交易量は定かでないが、一四八一年九月、薩州古時其伍島《こしきごとう》主賊船大将軍藤盛（甑島《こしきじま》から五島あたりを根拠地とした海賊）が使者を派遣し、土宜《どぎ》（土地の産品）を献上している。文化期、薩摩藩は、一定枠の輸入品を「琉球産物」として長崎へ売ることが認められていたが、「抜け荷」（密貿易品）を紛れこませ、大量に捌いた形跡は色濃い。一八三五年三月、老中大久保忠真《ただざね》が勘定奉行土方勝政に下した「風聞書」は、島津藩と朝鮮の間を往来する貿易船の存在に触れている。薩摩藩の密貿易が「対馬藩の公貿易」や「日朝外交関係」を脅かした感は否めない（横山浩一・藤野保編『九州と日本社会の形成　縄文から現代まで』吉川弘文館）。

メイド・イン・コリアの技術

島津氏と朝鮮半島との関係を語る上で欠かせないのが、「秀吉の侵略」である。文禄・慶長の役（壬辰倭乱《イムジンウェラン》・丁酉再乱《チョンユチェラン》）は、朝鮮に甚大な被害を与える一方で、日本に有益な「副産物」を生んだ。阿部吉雄は、「文禄・慶長の役は、まことに遺憾な戦争であったが、この戦争を契機として日本の社会に印刷革命が起こると共に、思想家の思想革新が促された」と指摘する（『日本朱子学と朝鮮』東京大学出版会）。一二三四年、世界で初めて金属活字本『詳定古今礼文《サンジョンコグムイェムン》』（崔允儀《チェユヌィ》著）を印刷した朝鮮の技術は、当時世界最高水準にあった。グーテンベルグによる金属活字の鋳造（一四五〇年）に先立つこと二〇〇年である。朝鮮の金属活字（二〇万個以上）で印刷された書籍は、「慶長本」として珍重されて行くが、徳川家康も、駿河で一〇四部（三〇八一冊）の書籍を出版させた。金属活字は紀伊家に伝えられ、現在は東京大学中央図書館（南葵文庫に大一〇〇〇余個、小五五〇〇余個）に保管されている。

島津氏が享受した「副産物」の代表を薩摩焼とするのに異論はない。二〇〇二年、国の伝統的工芸品に指定された薩摩焼は、朝鮮人陶工が創り、発展させてきた。司馬遼太郎は、彼らの苦難に満ちた歴史を作品『故郷忘《ぼう》じがたく候』に描いている。陶芸以外にも、樟脳製作（鄭宗官《チョンジョンファン》）、養蜂技術（蜂飼市左衛門）など、メイド・イン・コリアの技術は、薩摩社会を豊かにした。朝鮮侵略は、「人さらい戦争」の別名を持つ。秀吉は、島津義弘、鍋島直茂ら、各大名に「朝鮮人捕らえ置き候内に、細工仕り候もの、並びにぬいくわん（縫官）、手のきき候女、これあるにおいては、進上すべく候」と、技術者（細工人）や縫官女の献上を命令している。権力者が技術者を求めるのは、古今東西の共通現象ではあるが、朝鮮半島に上陸し、高い裁縫、装飾技術を目の当たりにした武将たちの情報が「派手好み」の秀吉を刺激したのは容易に想像がつく。縫官を秀吉に献上し、礼状を授かった島津氏は、定期的、かつ「藩ぐるみ」で朝鮮人を「拉致」した。『薩藩旧記雑録』（後編）には、次のような記録がある。

薩摩船五枚帆　船頭　隼人佑
加子四人　テルマ・カクセイ　三〇人

合わせて、三五人　帰朝せしめ候間、異儀無く御通しあるべき者なり、
慶長二年雪月九日　嶋津又八郎（花押）
船改御奉行中

又八郎は、義弘の子・忠恒であり、テルマは少年、カクセイは若い既婚女性を指す。翌年（卯月九日）も、三四人を日本に送ったと、同史料は記している。藩士大嶋忠泰は、国許の妻に宛て、「家来の角右衛門が日本に帰るので、テルマとカクセイをお土産に届けさせた。無事に着いただろうか。そのうちコカクセイ一人は娘にやってほしい」と書いている（藤木久志『新版雑兵たちの戦場』朝日新聞社）。人を物（お土産）として扱うことに抵抗感を覚えることがなかったのであろうか。

進まない刷還

日本各地に「拉致」された朝鮮人の正確な数は不明であり、二、三万人から一〇万人までと、識者の推定幅は大きい。中野等《ひとし》は、「数多くが海外に奴隷として売却され、さらに数万規模の朝鮮人が日本列島内にとどめられた（ないし止まった）。彼ら日本に残留した（させられた）朝鮮人被擄《ひりょ》のなかには、陶工・儒者などとして歴史に名を残した者もあるが、大部分は日本の農村

に耕作者として投入され、異国社会の下層における生活を余議なくされることとなる」と指摘する（『戦争の日本史16　文禄・慶長の役』吉川弘文館）。一六〇七年、呂祐吉《ヨウギル》を正使とする回礼兼刷還使（四六七名）が来日した。「回礼」は国交回復を求めた徳川家康の書簡に対する回答を、「刷還」は朝鮮人を故国に連れ帰ることを意味する。刷還使は、一六一七年、一六二四年と、計三回来日しており、その後は通信使に改称された（一六三六年）。時の経過とともに、地域に定着し、家庭を築くケースが増え、刷還事業は困難を極める。朝鮮人技術者を手放すことを恐れ、必要な情報を与えなかったケースも珍しくない。黒田長政（福岡藩）によって「拉致」され、高取焼の創始者となった陶工八山《パルザン》は、帰国願いを拒否され、通信使一行が福岡を通る際も、厳重に監視された。米谷均によると、帰国者数（一五九九年から一六四三年まで）は、自力で帰国した人を含め、六三二三名にすぎない（鄭杜熙《チョンドゥフィ》、李璟珣《イギョンスン》編著『壬辰《イムジン》戦争——16世紀日・朝・中の国際戦争』明石書店）。

徳川幕府は、内実において、「非協力的」であった。一六一七年八月、将軍秀忠による使節謁見（京都・伏見城）を控え、朝鮮の国書に対する返書内容を、今地院崇伝の草案をもとに、本多正純、土井利勝らが討議したが、帰国を望む者は返し、日本残留を希望し、妻子をもうけ、永住を希望する者は、その意に任せるという方針を確認している（『台徳院殿御実紀』巻四六）。家康も、小西行長が「献上」したオタア・ジュリアを侍女としたが、キリスト教徒という理由で、神津島へ流罪とした（十字架を刻んだ墓が現存）。第九次朝鮮通信使（一七一九年）の記録『海游録《ヘユロク》』（申維翰《シンユハン》）には、「倭の言によれば、淀江の岸に晋州《チンジュ》島と名付ける島がある。壬辰年に、晋州人を俘虜《ふりょ》してきて、此処に居らしめた」と記されている。帰国を諦めた人々が、居を構えた土地の名に望郷の念を込めたケースは稀ではない。

DNAの共有

薩摩の地にも、相当数の朝鮮人が残った。一説には、江戸初期、三万人以上いたというが、定かではない（『面白すぎる謎解き日本史』青春出版社）。薩摩に残留する同胞士族の連名書を持参し、回礼兼刷還使（一六〇七年）を訪ねた金震生《キムジンセン》の存在は確認されている。彼は、薩摩に戻り、帰国希望者を募るために奔走した。第二回刷還使（一六一七年）の日記によると、日本名（金蔵《きんぞう》）を名乗る同胞が、使節宿舎（京都）を訪れ、薩摩に残留する朝鮮人が多い事実を伝えている（李《イ》石門《ソクムン》『扶桑録』九月六日条）。彼も、帰国を勧める礼曹諭文、使節諭文を持参し、薩摩に戻った。宗氏が島津氏と交渉し、帰国（一六一〇年四月）を実現させた鄭邦慶《チョンバンギョン》（他一名）など、幾つかの例を除き、帰国後の待遇（罪人扱い）に対する不安から、日本に留まったケースが圧倒的に多い（前掲『壬辰戦争』）。司馬遼太郎は、「島津勢が朝鮮から退陣するとき連れて来られて士分にとりたてられた家系が薩摩藩にはいくつかある。それらは薩摩固有の日本姓を名乗った。その家系から出て明治の顕官になったり、その夫人になったりした世間周知の人物を何人かあげることができる」と、薩摩の特異な状況に触れた（『ワイド版街道をゆく3』朝日新聞社）。限られた範囲ではあるが、島津氏が朝鮮人を「厚遇」した事実は否定できない。朝鮮式の名前、風俗を維持することを許している。背景には、古来からのＤＮＡを共有する親近感、友好の歴史に裏打ちされた親近感があったのではないだろうか。人間は、ＤＮＡと歴史の影響なしには存在しえない。薩摩の地でも、長い年月を経て、〝共生のＤＮＡ〟が形成、継承されてきたと、筆者は考える。

日本人がブラジルに移住して一世紀が経つ。「笠戸丸」（一九〇八年六月一八日サントス港に着岸）に乗り込んだ移民七八一人（一六七家族）には、鹿児島県出身者一七二人（四六家族）が含まれている（ブラジル日本移民史料館編『目でみるブラジル日本移民の百年』風響社）。自らのアイデンティティを守り、ブラジル社会に確固たる地位を築いた日本人の艱難辛苦は筆舌に尽くせない。一〇〇年前にブラジルに渡った日本人（契約移民）と比べても、四〇〇年前に薩摩に根づいた朝鮮人（拉致）の苦労は大きかったと考えられる。事前準備（精神、物質の両面）を行う時間的余裕も与えられず、身一つで、異国の地に放り出されたと言っても誤りではない。農村の「代替労働力」として、下層の生活を強いられた人々にとっては、命を繋ぐのが最優先課題であり、民族のアイデンティティを維持するのは二の次であった。「異化」よりも「同化」の道を選ぶ方が生き易い。技術を有する陶工でさえ、苗代川という「居住空間」（エスニック・タウン）を確保するまで、多くの困難を強いられた。薩摩の古書『三国名勝図会』（帖佐の項）は、「又命あり、高城六左衛門といえる高麗より帰化せし者とともに、上方に赴き、瀬戸の陶法をも伝授せしむ」と、日本人となった朝鮮陶工の存在に触れている。

　鹿児島市の高麗町は、朝鮮人の集団居住地であった。町がいつから存在したのかは定かではないが、「隔離政策」の一環であるのは論を俟たない。住民数も不明である。薩摩藩の人口は、一八二六年の段階で、六七万七三九九人を数えた（『薩藩政要録』）。領内には一一三の郷があり、平均すると、一郷あたりの人口は六〇〇〇人に相当する。郷を単位として、町村が編成された薩摩藩の状況を踏まえると、西郷が生きた時代、相当数の朝鮮系人が高麗町に住んでいたのではないだろうか。ちなみに、秀吉の侵略の際、朝鮮側に寝返った武将・沙也可《さやか》（松浦党、雑賀党出身など、諸説ある）は、国王（宣祖《ソンジョ》）より「金忠善《キムチュンソン》」の名を賜り、友鹿里《ウロクリ》（慶尚北道大邱《テグ》市郊外）に居を構えた。晋州《チンジュ》の牧使《モクサ》（地方長官）張春点《チャンチュンチョム》の娘と結婚し、六人の子をもうけたが、その末裔は、四〇〇年を経て、七〇〇〇人を数える。現在、友鹿里は「サムライの里」と呼ばれ、訪れる日本人観光客も少なくない。

石曼子《シーマンズ》

島津義弘は、「朝鮮の軍神」李舜臣《イスンシン》と対戦した経験を持つ。八五年に及ぶ人生は、兄義久との葛藤、関ヶ原の役での敗戦など、波乱に彩られているが、朝鮮でも勇名を馳せ、石曼子《シーマンズ》と恐れられた（「島津」と、まったく歯が立たない「石の饅頭」をかけた）。一五九八年、「泗川《サチョン》の戦い」を通して、日本軍撤退の道を切り開いた功績は小さくない。島津軍は、露梁津《ノリャンジン》の海戦（一一月一八日）で、李舜臣率いる水軍と対戦し、甚大な損害を被った。『李忠武公全書《イチュンムゴンチョンソ》』（忠武は李舜臣の諡号）は、「賊兵焼溺《しょうでき》、浮斬殆《ふざんほと》んど尽《つ》く。義弘等《ら》、僅《わずか》に余兵五十艘《そう》を以て脱走す」と記している。戦の最中、左脇下に銃撃を受けた李舜臣は、「戦いは方《ま》さに急なり。我が死を言する勿《なか》れ」と命令し、息絶えた。二六日、義弘は、日本軍のしんがりとして、釜山から撤退している。日本海軍が李舜臣に寄せる尊敬の念は著しい。「長の陸軍、薩の海軍」といわれるように、イギリスを範とした日本海軍の主導権は薩摩閥が握った。内閣制度（一八八五年）が導入された際、西郷従道《つぐみち》（隆盛の弟）が初代海軍大臣に、樺山資紀が次官に就任している。薩摩出身の軍人たちは、李舜臣の海将としての智略、戦術、統率力を研究し、多くを学んだ。島津義弘の対戦体験を学ぶ過程（郷中教育）で、李舜臣に対する評価が高まったのは想像に難くない。鎮海《チネ》（慶《キョン》尚南道《サンナムド》）に日本海軍の要塞司令部が置かれた時期、彼の鎮魂祭は年中行事となっており、海軍省予算書の一項目にその経費が計上されている。鎮魂祭は、朝鮮水軍（七二隻）が脇坂安治の水軍（七三隻）を破った閑山島《ハンサンド》海戦の地、統営《トンヨン》（現在の忠武《チュンム》市）で行われた。潮の流れを計算し、五、六隻の板屋船を囮《おとり》にした李舜臣の策略は、見事の一語に尽きる。脇坂軍は、巨済島《コジェド》の見乃梁《キョンネリャン》から閑山島沖に引き出され、五九隻が沈没した。「安治家臣脇坂左兵衛、渡辺七右衛門をはじめとして、名ある者ども、うち死にしける。しかれども安治は櫓数の多き早船に乗りければ、かけひき自由にして、その身つつがなしといえども、鎧に矢などあたりてあやうきこと十死一生にきわまれり」と、脇坂家の記録は伝える。秀吉も、「是非なき次第、その身異儀なき由、もっともにおぼしめし候」と、安治に手紙を送り、慰めるしかなかった（藤居信雄『李舜臣覚書』古川書房）。李舜臣の名声が秀吉の耳に届いていたのは想像に難くない。

「李舜臣将軍は私の先生です」

「日本のネルソン」と呼ばれる東郷平八郎も、李舜臣を尊敬していた。韓国人実業家李英介《イヨンゲ》（玄洋社の頭山満《とうやまみつる》と同伴）と会談した際、「お国の李舜臣将軍は私の先生です」と言ったという。藤居信雄によると、対馬沖で、ロシア艦隊と対峙した際に東郷が採用したT字型、敵前旋回は李舜臣の戦法を手本にしたふしがある（前掲書）。日露戦争後、英国を訪問した東郷は、戦《せん》捷《しょう》祝賀会の席で、「不肖東郷を或はネルソンに喩え、或は李舜臣に擬して賞賛されましたこと、身に余る光栄であります。然しながら、ネルソンはいざ知らず、李舜臣になぞらえたのは当りませぬ。不肖東郷如きは、李舜臣の足元にも遠く及ぶ者ではありませぬ」と語っている（金泰俊「日本における李舜臣の名声」『比較文学研究』四〇号、東京大学比較文学会）。李舜臣については、『李忠武公全書』（一七九五年）など、多くの伝記が出版されているが、その評価は、西郷のケースと同じく、時代に翻弄された。植民地時代には、「民族の聖雄」として称賛され、解放後の韓国では、朴正熙《パクチョンフィ》軍事政権（一九六一～七九年）の「正当性」を打ち立てる道具として、利用されている。

西郷が李舜臣をどのように評価していたのかは伝わっていない。「郷中」を共にした弟（従道）から類推できる。加えて、地理的位置から、薩摩は開放的な土地柄であり、人種的偏見が少ない。島津斉彬は、反射炉建設で失敗を繰り返す藩士に向けて、「西洋人も人なり、佐賀人も人なり、薩摩人も同じく人なり」と諭した（『島津斉彬言行録』岩波文庫）。同じ人間として、負けてはならないと激励するのが主旨ではあるが、外国人を「夷」とした時代に、「人」として認める姿勢は際立つ。薩摩武士は、「人を差別せず」、西洋人の優れた点を学ぶことで、反射炉の完成（一八五六年）も、一五〇ポンド砲の製造（翌年）も実現させた。西郷が、民族の枠に囚われず、「朝鮮の軍神」を敬っていたとしても不自然ではない。

敵味方供養塔

島津義弘は、帰国後、紀州・高野山に「高麗国在陣の間に、敵味方の闘死せる軍兵皆、仏道に入らしめんが為なり」（為高麗国在陣之間敵味方閧死軍兵皆令入仏道也）とする朝鮮陣戦没供養碑を建立した。島津家では、「中興の祖」といわれる祖父忠良（法号・日新公）の教えに従い、敵味方の区別なく弔うのが宗法となっている。元久の死後、内紛に見舞われた一族をまとめ、義久、義弘、歳久らによる薩摩・大隅・日向の三州統一の基盤を築いた忠良の功績は小さくない。島津武士の精神鍛練を奨励した教えは、「日新公いろは歌」として、後世に伝わった。「え」の項には、「回向《えこう》には我と人とを隔つなよ。看経はよししてもせずとも」（死者を弔うことは敵味方を区別してはならない。読経するかしないかにかかわらず、手厚く祀るべし）とある。仏教が教える「怨親平等」の思想にほかならない。

しかし、コリアンとしては、少なからず違和感を覚える。供養塔を建てたとしても、「名分なき戦争」に巻き込まれ、命を奪われた側の理不尽は解消されない。作家岡部伊都子は、「一〇年前この供養塔に足をとどめた時は、島津の博愛を感じたのではない。うまく表現する力が無いようだが、『武士道にあるおそろしさ』を感じたとでもいおうか。供養塔を建てないより建てたほうが『美徳』とされる。けれど供養塔を建てることで、まこと数え切れない朝鮮の犠牲者の魂が安らぐとは思えない。安らぎ、徳をたたえられたのは建立者である。人目に見える供養塔と碑の心。わたしはようやくに侵略者が英雄となる物語に共感できない心を持ちはじめたらしい」と、率直な感想を吐露している（「高野山奥の院供養碑」『日本の中の朝鮮文化』第二一号）。霊峰・冨士山も、静岡側から見るのと、山梨側から見るのとでは、趣が違う。一九九四年、アメリカの郵便切手は、図柄に原爆投下のキノコ雲を採用し、「原爆投下が戦争終結を早めた」と、説明文をつけようとした。日本の抗議とアメリカ国内の反対で、取り止めになったが、説明文の論理に同調するアメリカ人は珍しくない。供養塔を「美談」としてだけ語り継ぐのは、短絡的である。被害者側の視線を含め、歴史を複眼的に見つめることが求められるのではないだろうか。

ウシウマ

島津義弘は、帰国（一五九八年）に際して、「ウシウマ」（十数頭）を戦利品として持ち帰った。被毛、まえがみ、たてがみ、尾毛などの体毛がほとんどなく、牛に似た小型馬である。一六八三年、気候の良い種子島で放牧され、大事に飼育された結果、幕末期には六〇頭あまりに増えたという。一九三一年、国の天然記念物に指定されたが、第二次世界大戦の混乱を経て、一九四六年六月絶滅した。西之表《にしのおもて》市の安城牧場で飼育された最後の一頭（第4田上号）の骨格は、県の天然記念物に指定され、鹿児島県立博物館に所蔵されている。

朝鮮半島から日本に渡ってきた動物は少なくない。五九八年、六四七年に新羅から贈られた孔雀、五九九年に百済から贈られた駱駝《らくだ》、驢馬《ろば》、羊などの記録が『日本書紀』と『続日本紀』に見受けられる。馬は、五世紀初頭、朝鮮半島から持ち込まれ、大阪市の河内湖と生駒山に挟まれた平野（現在の四条畷市・寝屋川市一帯）で飼育された。日本最古の牧である長保寺遺跡では、井戸枠に転用された船（馬を運んできた船）の一部が発見されている。牛も、六世紀、渡来人によって列島に持ち込まれた（中澤克昭編『人と動物の日本史2　歴史の中の動物たち』吉川弘文館）。戦国時代、朝鮮鷹が愛用され、後の「鷹狩りブーム」を生んだ事実は興味深い。一六一三年、徳川家康は、対馬・宗氏を通して、朝鮮鷹を求めている。

朝鮮侵略は、薩摩女性にも大きな悲しみを与えた。島津軍が出陣した港・久見崎（川内川の河口）で、八月一六日の盆に行われる供養の踊り「想夫恋《そうふれん》」（県の無形文化財）は、その一例にすぎない。未亡人たちは、黒の御高祖頭巾《おこそずきん》で顔を隠し、黒紋付羽織を着た背にたしなみの短刀（夫の遺品）をさし、白い鼻緒の弔い草履をはいて、帰らぬ人となった夫を偲ぶ。「盆がきたのに踊らぬ人は／木連尊者のおきてにそむく／お高祖頭巾に紋付羽織り／亡夫（つま）も見てたも眉の露／切ってそなえし緑の髪は／今日の逢瀬を待てばこそ／盆はうれしや別れた人が／はれてこの世に逢いにくる／寝ては考え起きては思う／この身終わるまでの君のため」と、哀調切々と唄いながら、物静かに踊る。戦争の悲惨さ、平和の大切さを訴える内容から、戦時中は中止を余儀なくされた。

三　西郷が出会った朝鮮人

西郷隆盛は、朝鮮の血を引く人々が身近に存在する特異な環境の中で、生を受け、成長している。西郷が誕生（一八二七年）する以前、忠清《チュンチョン》道《ド》庇仁県《ピインヒョン》に漂着した亀寿丸（一八一九年七月）、同泰安県《テアンヒョン》に漂着した天神丸（一八二三年八月）と、薩摩船の朝鮮漂着事件が二件起きた。乗組員は、朝鮮の手厚い保護を受け、無事帰国を果たしている。安田喜藤《きとう》太義方《たよしかた》（亀寿丸に乗船）は、その体験を「朝鮮漂流日記」に纏めた（池内敏『薩摩藩士朝鮮漂流日記』講談社選書メチエ）。大きな入江で、二〇余艘の船に取り囲まれた時（七月三日）、白服を着た人々を見て、すぐに朝鮮人と判別できた事実は見落とせない。安田にとって、彼らは「見慣れた存在」であった。日記は、その理由として、「わが本藩には朝鮮の遺種あり」と、苗代川《なえしろがわ》に住む人々の存在に触れている。既述したように、DNAの共有、友好の歴史に裏打ちされた親近感のもと、朝鮮半島から連行されてきた人々は、薩摩に根付き、「共生」の歴史を刻んでいた。乗組員の帰国を機に、漂流体験が話題となり、朝鮮の血を引く人々の存在を再認識させる機会となったのではないだろうか。

朝鮮人の子孫が「共生」する地域環境のもと、西郷は下加治屋町に生を受けた。下加治屋町は、甲突川を挟んで、高麗町《これまち》（朝鮮系人の集団的居住地）の向かいに当たる。大山綱良（西南戦争時の鹿児島県令）、有村俊斉（後の海江田信義）など、高麗町出身の同志も少なくない。甲突川に架かっていた高麗橋（一八四七年完成した四連アーチの石橋）は、近代的な橋に生まれ変わり、元の石橋（肥後の石工・岩永三五郎作）は祇園州《ぎおんのす》公園に保存されている。西郷が、高麗橋を渡り、朝鮮の血を受け継ぐ人々の生活を目にした可能性は皆無ではない。

弱者へのいたわり

西郷の生涯を検証すると、「弱者へのいたわり」が一つの経糸《たていと》をなしている。「弱い者をいじめるな」が郷中教育の中心指標である事実を踏まえると、当然かもしれない。薩摩藩に限らず、多くの藩が「弱い者をいじめるな」の教えを青少年教育の重要な柱にしている。会津藩にも、町内毎の集団教育制度「什《じゅう》」が存在した。子供たちが毎日暗唱した「七つの心得」には、「弱い者をいじめてはなりませぬ」とある。弱者、劣者、敗者に情をかける武士の徳は、幼児期からの体系的教育を通して、熟成され、現代の日本人に受け継がれた。西郷の場合、「情の人」と称されるように、その傾向は著しい。司馬遼太郎によると、薩摩人は、心情的価値観として、「冷酷を憎むこと」が甚だしく、男子の性根の重要な価値として、「全てに心優しくなければならない」と考える（『翔ぶが如く』文芸春秋）。南国特有の底抜けに明るい太陽のもと、大らかで、明朗闊達な気質を育む薩摩の気候風土と切り離せない。桜島に擬えられ、「火山的性格」ともいう。

函館戦争の戦後処理は、〝桜島の如き人間〟西郷の真骨頂である。五稜郭の落城（一八六九年五月）後、榎本武揚ら、七人の軍事指導者は東京に護送、投獄された。彼らの処遇問題は、死刑を求める長州藩と、寛大な処置を主張する薩摩藩との間で、深刻な対立を招いている。西郷は、庄内藩の例を挙げ、「榎本は王師に降伏せり、寛に処すべし」と説いた（『佐々木高行日記』）。西郷の情が、敵意と憎悪で凍りついた「敗軍の将」の心を溶かしたのは想像に難くない。榎本は、赦免直後（二日後）、新政府の役人になっている（開拓使四等出仕）。武士の筋（忠臣は二君に仕えるべからず）を曲げ、新しい国造りに加わるには、相当の葛藤があったのではないだろうか。

西郷が薩南諸島で過ごした約五年の歳月は、「弱者へのいたわり」に深みを与えている。奄美大島（一八五九年一月から六二年一月まで、約三年）、徳之島（同年二月から八月まで、約二ヵ月半）、沖永良部島（同年八月から六四年二月まで、約一年半）で、島民の窮状を目撃した。沖永良部島では、役人（土持政照《つちもちまさてる》）と計らい、島民の飢餓問題を解決すべく、「社倉」制度（穀物の備蓄、貸与）の導入に腐心している（一八七〇年に実現）。

　薩南諸島の民は、琉球から離れ、薩摩藩の支配下に入った一六〇九年以来、過酷な収奪と圧政に晒され、極貧に喘いできた。一七一三年、砂糖一一三万斤を買い入れた代官の日記が残っているように、薩摩藩が島の砂糖生産に目を向けたのは一八世紀初頭である（『街道の日本史55　鹿児島の湊と薩南諸島』吉川弘文館）。砂糖の専売制度を取り入れる一方で、「黍横目」（黍作の生産を監督する）など、島役を置き、収奪システムを整備した。租米の代わりに黒糖を納める「換糖上納令」（一七四五年）の影響は大きい。主食の作付けを犠牲にする黍作は、餓死者の数に跳ね返り、一七五五年春には約三〇〇〇人に達している（『徳之島面縄院家《おもなわいんけ》蔵前録帳《ぞうぜんろくちょう》』）。島の人口が一万二〇〇〇人から二万三〇〇〇人の間を推移している状況を踏まえると、状況は悲惨極まりない。

　島民への過酷な搾取の背景には、木曽川工事（一七五五年完了）で莫大な借金を背負った藩財政がある。上方商人への負債は、奄美大島で生産される砂糖を担保とした。調所広郷《ずしょひろさと》が主導した「天保の改革」は、品質改良、運賃コストの節減を図ると共に、島民への収奪を強めている。専売制（一八三〇年）を徹底させ、違反者は死刑とした。改革以前、年一三、四万両だった砂糖の売上高は、二三五万五〇〇〇両（天保元年から一〇年まで、平均一二〇〇万斤）に増えた（大江修造『明治維新のカギは奄美の砂糖にあり』アスキー新書）。

植民地支配の萌芽

西郷は、奄美大島に到着した二ヵ月後、「島の何方（どこ）においても苛政の行われ候儀は、苦心の至りに御座候。当島の態、誠に忍びざることにて、……松前藩（北海道）の蝦夷人捌《さば》き（差別）よりも、まだ甚だしく御座候次第」と、手紙を認めている（大久保利通宛書簡一八五九年二月二三日付）。島民の状況を比較する対象として、「蝦夷人」（アイヌ人）に言及している事実は重い。アイヌ人は日本列島の「先住民族」であり、「アイヌ文化」は日本文化の古層、源流をなす。その歴史は、「夷」、「化外の民」として、抑圧と搾取を受けてきた苦難の物語である。一六六九年、静内《しずない》（アイヌ語の地名シベチャリ）で起きた首長シャクシャインの蜂起（寛文蝦夷蜂起）をはじめ、民族のアイデンティティと生存権を守るアイヌの戦いは、松前藩など、近世日本人の弾圧に晒された。

明治維新後も、北海道庁（一八八六年）が推し進めた「開拓」の犠牲となり、あらゆる差別を受けている。「旧土人」（「開拓使」通達）として扱われ、固有の生活スタイルは「因習」として禁じられた。蔑称が「北海道旧土人保護法」（一八九九年）に引き継がれ、同法の廃止（一九九七年）まで、一世紀以上も、差別用語として存続した事実は看過できない。明治から一四〇年を経て、二〇〇八年六月六日、「アイヌ民族を先住民族とすることを求める決議」が衆参両議院で採択された。遅きに失したでは済まされないのではないだろうか。

西郷の「虐げられる民」、アイヌに対する認識、理解は、島民の人権状況の改善に反映された。「家人《やんちゅ》」制度の改善と「ヒダ」（膝素立《ひざすだち》）の解放は、その具体例である。薩摩藩の過酷な搾取によって、貧困層は我が身を抵当とした借財を強いられた。借金を返済できず、年期奉公に入った百姓を家人と呼ぶ。「島民による島民の取締策」として設けられた島役（豪農が務めるケースが多い）は、「郷士格」として優遇され、数多くの家人を抱えている。家人の男子は、砂糖一五〇〇斤から二〇〇〇斤、女子は七〇〇斤から一〇〇〇斤で売買された。家人夫婦から生まれた子、家人の女性が主家で生んだ子は、「ヒダ」と呼ばれ、奴隷に近い扱いを受ける。家人は、借金を返済すれば、自由の身になれる希望（実際は不可能に近い）があるが、ヒダにはその希望もない。将来を悲観し、自ら命を絶つケースも少なくなかった。西郷は、木場伝内（見聞役）と協力し、在番役人の力で彼らを解放している。村の旧家・龍佐運が、ヒダを解放し、家人の待遇改善をしたのを機に、その動きが近隣の村に波及した。「西郷政府」の人身売買制度廃止（一八七二年一〇月布告）がその延長線上にあるのは論を俟たない。

種子島出身の作家日高恒太郎は、西郷が薩南諸島で見たものを「国」を持たない人びとに忍び寄る「強権の影」、おぼろげな形の「植民地支配」として捉え、「あまたの維新の立役者たちはもとより、近代以降、現代に至る日本人の政治家たちが決して見なかった、見ようとしなかったもの」と言い切る（『歴史読本』二〇〇七年五月号）。他民族を支配、搾取することで、豊かになる構図にほかならない。西郷は、権力によって、運命を蹂躙《じゅうりん》された自身の状況を重ね合わせ、「弱者を生み、いじめる構図」に対する批判精神を育んだと、筆者は考える。「政変」後、西郷が政府を去らず、引き続き、舵取りを担っていれば、「富国強兵」路線をひた走り、朝鮮半島、中国大陸にまで、支配と搾取の構図を拡大する歴史は刻まれなかったのかもしれない。

戊辰戦争後、帰郷した西郷は、参事（宰相）として、上級武士に厳しく、下級武士に優しい藩政改革を断行した。藩内の実情を調査し、「弱者」の状況把握に努めたのは言うに及ばない。薩南諸島の人々と同じく、「マイノリティー」（少数民族）として、弱い立場に置かれていた朝鮮人の子孫達にも目を向けたのではないだろうか。

朝鮮筋目の者

薩摩藩には、「朝鮮筋目の者」が存在する。その歴史は、島津義弘が「拉致」してきた陶工の一部が、難波の末に、串木野（島平《しまびら》）に上陸したことに始まる（照島公園内に「さつま焼開祖上陸地」の記念碑建立）。朴平意《パクピョンイ》（薩摩焼の陶祖）ら、四三人（一七姓）は、「異邦人」として、艱難辛苦を乗り越え、苗代川《なえしろ》（現在の日置郡東市来町美山）に居を構えた（一六〇三年）。命を賭けて、高麗町（朝鮮人の集団居住地）への移住（藩命）を拒み通した結果である。薩摩人は、彼らの筋を曲げない生き方を評価し、「苗代川者《のしろこもん》」と呼んだ。陶芸家沈寿官《ちんじゅかん》（一四代目）は、「侵さず、侵されず、体制に従いながらも自らの個性を失わない生き方は、やがて苗代川に生きる人々の背骨となっていった」と指摘する（『カラー日本のやきもの2　薩摩』淡交社）。「共生」の歴史を重ねてきた人々の生きざまを見事に集約した表現ではないだろうか。太平洋戦争の開戦時、敗戦時に外相を務めた東郷茂徳《しげのり》（四歳まで、朴茂徳《パクムドク》を名乗る）が当地出身者である事実はあまり知られていない。昭和天皇から、「私は外務大臣の意見に同意である」の一言を引き出し、「日本民族を救った最大の立役者」と評価されている（「産経新聞」一九九五年九月三日）。筆者は、TBSテレビで放送された終戦記念日ドラマ「命なりけり・悲劇の外相東郷茂徳」の中で、憲兵将校が「大臣は、日本人の心がお分りにならない。そもそもご先祖は朝鮮のお方だそうですね」と言い放ったシーンを今も忘れられない。現在、村の入り口には、「美山の子らよ、東郷先輩に続け」と書いた木柱が立っており、生家跡には、記念館と銅像が建っている。

朝鮮人は、薩摩藩のために、その知識と技術を惜しみなく提供した。鄭宗官《チョンジョンファン》が作った樟脳はその一例である。防虫剤、香料、軟膏など、需要が多く、銅に次ぐ藩の主要商品（独占）となった。江戸時代、長崎で扱われた樟脳（交易品）のほとんどが薩摩産である。現在、美山小学校の近くに立つ「樟脳製造創業の碑」は、朝鮮人の汗と涙の歴史を物語る「証人」にほかならない。陶工たちは、故国で培った技術をもって、龍門司焼、堅野《たての》焼、苗代川焼と、それぞれ窯を開き、薩摩焼を発展させた。一八八六年、政府が各府県に命じて作成させた『府県陶器沿革陶工伝統誌』には、「薩摩陶器の史伝においては、まず島津義弘を推して巨擘《きょへき》となし、帰化人金海、朴平意を以て第二指を屈せざるを得ず」と記されている。陶工たちの生き方は、上陸地点の違いによって、大きく異なった。市来の神ノ川海岸に上陸した金海は、義弘の庇護のもと、堅野窯（官窯）の流れを興す。串木野に漂着した朴平意一行は、串木野系（苗代川へ受け継がれる）の窯を興し、民窯的色彩の濃い大胆な作風を残して行く。義弘は、栗野から帖佐、そして加治木へと、居城を移す際には、陶工金海を伴った。千利休の弟子だけに、自らの手で陶芸を発展させようと思い描いたのは想像に難くない。金海は、加治木龍門司郷で窯（龍門司焼）を開き、義弘の死後、家久（一八代当主）の命によって、堅野（冷水町）で開窯する（堅野焼）。家久が金海を瀬戸へ、金和（金海の子）を有田へ送り、その先進的技術を導入した効果は小さくない。家久の後を継いだ光久（一九代）も、堅野焼の開窯にかかわった申武信《シンムシン》（田原万助）の子・有村久兵衛を上方（研修）に派遣した。御室焼錦手、聚楽焼、唐物茶入の技法を学び、薩摩錦手の基礎を築いた久兵衛は、光久から「碗右衛門」の名を授かっている。

リトル・コリア

苗代川における陶工たちの生活ぶりは異彩を放つ。陶磁器製作の関連用語をはじめ、朝鮮の言語を使い、その衣服、風俗を守った。今で言うところの「リトル・コリア」、「コリアン・タウン」に当たるのかもしれない。藩主の滞在に合わせ、焼物市が開かれ、近隣住民が多く集まったという。一七八三年、この地を訪れた橘南谿《なんけい》は、「薩州鹿児島城下より七里西の方ノシロコという所は、一郷皆高麗人なり。太閤秀吉、朝鮮国御征伐の時、此国（薩摩）の先君、彼国の一郷の男女老若とりことなして帰り給い、薩州にて彼朝鮮のものどもに一郷の土地を賜い、永く此国に住せしめ給う。今に至り、其子孫打ちつづき、朝鮮の風俗の儘にして、衣服、言語も皆朝鮮人にて、日を追うて繁茂し、数百家となれり」と、印象を記している（『東西遊記』平凡社東洋文庫）。

当時の人口（約一五〇〇人）は、増減を経て、幕末期まで維持された。「苗代川」という特別な身分で、「郷士」、「出家」、「諸在」（在郷の百姓）より下位、「浦浜」（漁師）、「野町」（一般農民、町人）より上位に置かれている（「宗門手札御改人数総之事」一八二六年）。李達馬《イダルマ》、伸十圓《シンシボォン》、朴春益《パクチュニク》、伸春松《シンチュンソン》、朴春潤《パクチュニュン》（朝鮮通詞）の五家は、「伊集院郷士格」の扱いを受けた（「宗門手札改條目」）。

美山の小高い丘には、「玉山《ぎょくさん》神社」（元は玉山宮・一六〇五年建立）が鎮座する。朝鮮の始祖といわれている「檀君《タングン》」の霊を祀り、神主を「高麗祝子《こうらいはふり》」と呼ぶ。神社は、早くから島津家の庇護を受け、社殿の改築、修繕は藩の寄進で賄われていた。一七五一年には、信証院（二〇代綱貴夫人）の参詣が行われている。

薩摩藩は、苗代川を「李朝陶技伝習の場所」と定め、保護に努めた。「朝鮮筋目之者、太郎、次郎之名、風俗不相応に有之候」（一六九五年）と、日本式の名前を禁じた通達はその一例である（内藤雋輔《しゅんぽ》『文禄・慶長役における被虜人の研究』東京大学出版会）。窯を持つ家には士分待遇（一五石）が与えられ、門を建て、堀を巡らせ、弓馬、剣を習うことが許された。庄屋、主取など、村の役職は、藩の試験で決められ、庄屋（朴氏）は、「清右衛門」を名乗っている。長崎、対馬と同様に、薩摩藩に存在した朝鮮通事（通訳）は、苗代川出身者が務めた。歴代通事、稽古通事等が設けられ、既述した『漂民対話』以外に、『交隣須知』、『隣語大方』、『韓語訓蒙』等の教科書が使われている。

光久は、参勤交代の際、陶工（朝鮮装束）を帯同させた。琉球以外にも、「異国を従えている」と諸大名や江戸庶民に誇示する目的があったのは疑いない。光久は、琉球王子を江戸へ参府させる際にも、苗代川に立ち寄らせている。当時、江戸幕府は、朝鮮通信使を厚遇し、島津氏に従う琉球使節を一段低く見ていた。薩摩藩は、琉球使節を朝鮮の神舞、歌謡で歓待することで、「朝鮮と琉球の立場が逆転した世界」を演出し、関係を円滑化している。一七三〇年、琉球の陶工用啓基が苗代川を訪れ、天水甕《かめ》や大鉢などの作り方を学んだように、その優れた陶芸技術は広く知れ渡っていた。一七〇四年と翌年の二度、苗代川の一部住民が大隅の鹿屋・笠野原に移住している。畑地灌漑が行われ、大隅半島の農業一等地となった現在の姿は、彼らが流した汗と涙と切り離せない。高燥で水利が悪く、風の厳しい荒野を開拓する一方で、作陶（笠野原《かさんはい》窯）にも勤しんだ人々の逞しさは際立つ。

一九九八年、「薩摩焼発祥四〇〇周年」の記念行事が日韓両国のイベントとして催され、小渕恵三、金鐘泌《キムジョンピル》両総理が美山を訪問（一一月二九日）した。朝鮮陶工の子孫が薩摩の地に刻んだ「共生」の歴史がスポット・ライトを浴びた瞬間ではないだろうか。陶工たちの父祖の地（全羅南道《チョルラナムド》南原《ナモン》市）でも、「日本陶磁器の本郷」（市発行のパンフレット）として、交流の歴史を語り出した。

西郷が見た苗代川

西郷は、一八五四年に行われた斉彬の参勤交代（一月二一日出立）に同行し、苗代川を訪れている。参勤交代のため、鹿児島を出発した藩主が、最初の一夜を苗代川で過ごすのは、一六七五年に御仮屋（藩主と家族の宿泊所）が伊集院から移されて以来の慣習であった。現在、御仮屋の門は沈寿官家の門として残っている。西郷（中御小姓）は、朝鮮伝来の歌舞で藩主を歓迎する様子を目の当たりし、どのような感想を持ったのであろうか。

斉彬は、「特に苗代川又は堅野等の製造所も御奨励相成り」と、薩摩焼の発展に強い関心を寄せた（『島津斉彬言行録』市来四郎編述）。一八五五年、朴正官《パクチョングァン》（陶工の長）は、斉彬に招かれ、磯の集成館で、画法と焼成方を指揮している。一年後、苗代川に戻り、錦手《にしきで》の完成を目指した。斉彬は、一八五七年、苗代川に集成館・陶磁器製造所の支部を設け、錦手方と磁器方に分離する。磁器方主取に沈寿官（一二代）が就任し、コーヒー茶碗、洋食器など、輸出品と、大皿、丼、鉢、茶碗など、雑器を焼いた（南京焼）。彼は、窯場を訪れた斉彬（五月二三日）の前で、「南京染付大皿」を製造している（裏に「国主御前に於てこれを作　沈寿官智之」の銘）。

薩摩焼を世界に通じる貿易品にした朴正官と沈寿官の功績は大きい。前者は、一八六七年のパリ万国博に錦手大花瓶を出品し、薩摩焼の素晴らしさを世界に知らしめた。正官の墓碑には、「幾くもなく純金分析の際、硝酸の毒に当り、病んで床にあること殆ど十年、旺盛なる陶之志を懐きてついに逝く」と刻まれている。後者は、透かし彫りなど、新しい技法を取り入れ、薩摩焼の充実を図った。ウイーン万博（一八七三年）に出品された一二代作「色絵花卉《かき》文花瓶」（国立美術館蔵）は、外国人の大きな賞賛を受け、ロシア、アメリカへの薩摩焼輸出の途を切り開いて行く。斉彬一二代作「白薩摩　花鳥文六角茶壺」（菊の紋様入り）は、明治天皇にも献上されている。斉彬を「お天頭さま」と崇め、手足となって働くのを本分とした西郷だけに、陶工たちの活躍に関心を寄せたとしても不思議ではない。

西郷が一二代沈寿官の作品を直に手にした可能性もある。彼は、斉彬の指示に従い、篤姫（天璋院）の徳川将軍家への輿入れ（一八五六年一二月一八日）準備を担当した。輿入れ品には、一二代作「天璋院御領薩摩錦手絵付大花瓶」（沈寿官窯伝世品収蔵庫所蔵）、一二代作「天璋院所用錦手人形唐子遊」（徳川記念財団所蔵）が含まれている。西郷の几帳面さを踏まえると、苗代川陶工の名品を直に検分したのは想像に難くない。

死を共にした若者

「リトル・コリア」の若者（一〇〇余名）は、戊辰戦争にも参戦した。東郷茂徳の祖父（朴《パク》伊駒《イグ》）もその一人であり、車道竜《チャドリョン》、朴正元《パクチョンウォン》、鄭参石《チョンサムソク》、李正仙《イジョンソン》など、「苗代川小隊」は東北まで転戦している。「戊辰役従軍記念碑」（一九三〇年一〇月三〇日建立）は、玉山神社の境内に建てられた。重野安繹は、「人と艱苦を共にするというところが持前で、古人の謂う士卒の下なる者と飲食を共にする風であった」と、西郷の人となりを伝えている（「西郷論」『西郷隆盛全集』第六巻）。明治政府の筆頭参議として、日本橋・小網町に自宅（元姫路藩蔵屋敷を月三円で借りた）

を構えていた頃、西郷はまさにそのような生活を送っていた。参議としての給料の大部分は、寄宿していた若者（常時一四、五人）のために使われている。西郷が、「リトル・コリア」出身の兵士たちの存在を知り、親しく会話を交わした可能性は皆無ではない。

西南戦争に馳せ参じ、西郷と運命を共にした若者（朴竜金《パクリョンクム》）もいる。増田宋太郎（中津藩士）は、「一日この人に接すれば一日の愛生ず。三日接すれば三日の愛生ず。親愛日に加わり、今は去るべくもあらず。ただ死生を共にせんのみ」と、薩摩の地に命を散らした。苗代川の若者は、西郷に何を見て、何を感じて、死を共にしたのであろうか。

英国人外交官アーネスト・サトウは、「日本アジア協会」（英米人系の日本研究団体）において、「薩摩に於ける朝鮮陶工たち」と題する講演（一八七八年）を行い、苗代川陶工の功績を世に知らしめた。英国公使パークスの片腕として、明治維新の舞台裏で活躍した人物であり、薩摩を二度訪れている。一八七七年二月初め、長崎県の茂木から、苗代川を経て、鹿児島にある英国人医師（ウィリアム・ウィリス）の家を訪ねた。同家の女中フデ（苗代川出身）の案内で、サトウは苗代川を再訪（二月六日）し、朴正順《パクチョンスン》宅（フデの実家）で一泊している。帰途（翌日）、私学校生徒たちに捕まるというハプニングまで体験した。西郷が、ウィリス家を訪ね、サトウに「別れの挨拶」をした事実（二月一一日）はよく知られている。

横山安武の諫死

「朝鮮征伐」に反対する建白書を提出し、切腹した薩摩藩士横山安武（正太郎）に対する西郷の思い入れは深い。横山は、一八七〇年七月二六日、建白書（二通）を竹に挟み、集議院の門扉前に掲げた後、近くの津軽藩邸裏門前で割腹している。諫死は痛ましいが、武士が命をかけ、発する言葉は重い。建白書の一通は、腐敗堕落した明治政府に対する批判（一〇ヵ条）で貫かれており、もう一通は「朝鮮征伐」の非を鳴らしている。鹿児島藩知事は、「憂国の情」から出た行為として、祭祀料（一〇〇両）を下賜した。

横山は、朝鮮を責める日本政府の理不尽に触れ、「もし我が国力が充実し盛大ならば、朝鮮も我が国に対し非礼なことをするはずがない。朝鮮を小国と侮り、理由のない戦争を仕掛けて、万一負けるようなことがあったら、世界からなんと言われるだろうか」と指摘している。既述（第一章）したように、朝鮮の「非礼」は、〝言いがかり〟であり、国内の不満を海外に逸らす政治的方便である。政府要人たちが、それ以外に、国内問題の「解決策」を知らなかったのは、「思想の貧困」以上に、日朝両国の民衆にとって、「この上ない不幸」であった（備仲臣道《びんなかしげみち》・礫川全次《こいしかわぜんじ》『攘夷と皇国』批評社）。

西郷は、二八年の短い生涯を閉じた横山を悼み、「このときに当り、朝廷百官、遊蕩驕奢《ゆうとうきょうしゃ》、しかして事を誤る者多く、持論囂々《ごうごう》、安武すなわち慨然として自奮していわく。いわゆる王家衰頽の機ここに兆《きざ》す。いやしくも臣子たる者、千思万慮をもってこれを救わざるべからず」と、鹿児島の旧福昌寺に建てられた墓石に碑文を書いている（一八七二年五月）。維新後、政府高官の堕落を嘆き、危機感を募らせてきた西郷自身の思いも込められているのかもしれない。葬儀の際も、遺族の依頼に応え、「精神、日を貫いて華夷にあらわれ、気節、霜を凌いで天地知る」と、幟《のぼり》に揮毫した。西郷が、その一年後、「征韓」の非を鳴らした横山の「遺言」に背く行動に出るとは到底考えられない。

根付いた「共生」

西郷の周辺には、多くの「朝鮮」が存在した。日常生活の中に、朝鮮半島から伝わった文化のなごりが息づき、地域社会に「共生」する朝鮮人の姿がある。格別な美人を「コーライおごじょがごとある」（高麗・朝鮮の女性みたいだ）と言い表す薩摩方言は、朝鮮人が好意的に受け入れられていた証ではないだろうか（司馬遼太郎『歴史歓談』中央公論社）。彼らは、薩摩人と同じ空気を吸い、喜怒哀楽を共にしてきた、紛れもない「同胞」であった。一七五三年一二月、徳川幕府（九代将軍家重）は、薩摩藩（二四代藩主重年）に木曽川治水工事を命じている。関ヶ原の役以降も、潜在的脅威であり続けた薩摩藩の金庫をカラにし、弱体化させる意図は隠しようもない。総奉行平田靱負《ゆきえ》以下、九四七人の藩士が動員され、二〇万両の予算が立てられた（実費四〇万両）。工事終了（一七五五年三月）後、多くの人間を死なせ（病死など）、巨額の借財を負わせた責任から、平田ら五一名の藩士が切腹している。朝鮮人も無縁ではなかった。沈寿官は、「手持ちの金銀はもちろん、鍋釜、衣類にいたるまで、すべてを金に替えて醵出し、全員乞食のようになって、身を削って時代に生きた」と、先祖の苦労を語っている（前掲『カラー日本のやきもの2　薩摩』）。薩摩人の悲しみは彼らの悲しみであり、薩摩人の苦労は彼らの苦労であった。西郷は、「うどめさあー」（大きな眼様という愛称）の大きな瞳で、艱難辛苦を共にする「同胞」の姿を見たのではないだろうか。彼にとって、島津氏・薩摩藩七〇〇年の歴史を支えた「同胞」の祖国・朝鮮は「征する対象」ではなく、「和する対象」であった。西郷は、「征韓」を主張したのではなく、斉彬の遺志を継ぎ、「同盟」の道、朝鮮との「共生」（和朝共生）の道を追い求めたと、筆者は考える。

第三章……「勝者」が綴った歴史

歴史は、「勝者の物語」である。「征韓論の変」に見るように、権力闘争を勝ち抜いた者は、自分の都合に合わせて、歴史を綴り、都合の悪い事実は省き、書き替えた。勝部真長《かつべみたけ》は、「明治二〇年頃までに時の薩長政府に都合のよいように史料が書き替えられた形跡は皆無ではない」と指摘する（『西郷隆盛』ＰＨＰ文庫）。朝鮮に開国を迫る口実となった江華島事件（一八七五年九月）も例外ではない。日本海軍の艦艇「雲揚《うんよう》」（艦長井上良馨《よしか》）が、「飲み水」を求め、上陸しようとしたところ、江華島砲台から砲撃を受けたと、朝鮮の「非」が喧伝されてきた。長崎帰港後に提出された井上艦長の報告書（一〇月九日付）に基づき、捏造された「歴史のウソ」である。艦長が作成した「もう一つの報告書」（九月二九日付）は、「意図的な挑発」を明らかにした（『史学雑誌』二〇〇二年一二月号に掲載された鈴木淳の史料紹介「『雲揚』艦長井上良馨の明治八年九月二九日付　江華島事件報告書」）。「九・二九報告書」が記した三日間に及ぶ戦闘部分は、「一〇・九報告書」では、一日の出来事として改竄されている。前者が、「日も未だ高く、依て今少し奥に進み……」（砲撃された）と記した部分は、後者では「この辺に上陸、良水を請求せんとし……」に書き替えられた。一三〇年以上も、ウソがまかり通り、朝鮮に対する反感を増幅してきた事実は否定できない。明治政府が流布した通説が、大正、昭和、平成と、時の流れの中で「定説」となり、日本人の歴史認識を歪めてきた。以下、一．両傑は「竹馬の友」、二．一五日閣議の欠席、三．「三条の発病」、四．近代化への適応、五．西郷使節の成否と、「政変」を巡る通説を検証する。

一　両傑は「竹馬の友」

通説は、西郷隆盛と大久保利通を同じ町で生まれ、育った「竹馬の友」と説くが、事実と符合しない。『薩摩のキセキ』（薩摩総合研究所「チェスト」）は、大久保は「西郷隆盛と幼なじみで（西郷が三つ年上だが）、同じ鹿児島城下の下加治屋町に生まれ、兄弟以上の仲だった」と記している。両傑の子孫、島津家末裔の発言を纏めた一冊だけに、その影響は小さくない。事実は、「両傑並び立つ」理想を追い求める薩摩人の願望とは異なる。通説は、国民の不信、不満に歯止めをかけるために、「政変」で袂を分かち、西南戦争を招いた両傑の関係を書き替えた結果にほかならない。

木戸孝允（一八七七年五月病死）、西郷隆盛（同九月自刃）、大久保利通（翌年一一月暗殺）と、「維新の三傑」が相次いで他界すると、政府は薩長バランスの上で大きく揺れ動き、西南戦争の後遺症に悩まされた。九代目市川団十郎（西郷に扮する）の演目「西南雲晴朝東風《おきげのくもはらうあさごち》」が新富座にかけられ、好評を博すほど、「政府の敵」となった西郷の声望は衰えない。京都では、羽織、帯を「西郷茶」（薄い鶯茶色）で誂《あつら》えることが流行し、大阪では薬「西郷丹」が売り出された。一二月に出た錦絵「隆盛冥府大改革」（鈴樹年基筆）は、西郷が閻魔大王の冥府で鬼を相手に大立ち回りを演じ、征伐、大改革する場面を描写している。「西郷星」の噂も広まっていた。『奇態流行史』には、「毎夜八時頃より大なる一星光々として顕《あら》はる。夜更るにしたがい明らかなること鏡の如し。識者これを見んと千里鏡をもって写せしが、其形人《そのかたちひと》にして大礼服を着《ちゃく》し、右手には新政厚徳の旗を携《たづさ》へ、厳然として馬上にあり。衆人拝して西郷星と称し、信心する者少からず」と記されている。「新政厚徳」の旗が藩閥政府に対する不信、不満を表しているのは言うまでもない。「違法な手段」で、維新の功労者を死地へ追いやった後ろめたさもあり、薩長藩閥政府は世論に敏感であった。

新政府を分裂させたばかりか、西郷と大久保、二人のリーダーを失った薩摩閥の危機感は計り知れない。「両傑亡きあとはからっけつ」と、派閥内からも自嘲する声が出ている。黒田清隆など、西郷の薫陶を受けながら、彼を倒す側に立った政府要人は、「忘恩」のレッテルを貼られ、苦悩していた。「朝野新聞」（一八七八年二月二三日付）は、「鹿児島にては此此西郷、桐野の墓へ参詣人夥《おびただ》しく、前後左右、香花にて埋まる位なり。今に男女とも頑固連多く、西郷を善く言い、巡査を悪《にく》む事甚《はなはだ》しく、官員、兵隊をも忌み嫌う様子有り」と、当時の状況を伝えている。宮之城村（現薩摩郡宮之城町）の盈進《えいしん》小学校教師（二年半）を務めた本富安四郎《ほんぶやすしろう》（元長岡藩士）は、帰郷後、その体験を『薩摩見聞記』（一八九八年発行）に纏めた。「薩摩においてはいかなる家にも、鉄砲と私学校帽子のなきはなし」と、薩摩に残る「西郷の遺産」に驚きを隠していない。

英雄と大政治家

薩摩閥は、西郷を「英雄」、大久保を「大政治家」として顕彰することで、窮状からの脱出を図った。『大久保甲東先生』（徳富蘇峰）に紹介されているエピソードは示唆に富む。松方正義は、蘇峰が「西郷は英雄だ、大久保は政治家だ」と評価したと、税所篤《ざいしょあつし》に話すと、即座に「そこだ、それで安心した」と、答えが返ってきた。税所は、西郷と同じ一八二七年生まれで、大阪、兵庫、奈良県令を歴任し、元老院議官、枢密顧問官、子爵となった薩摩閥の長老である。両傑を「タイプが異なる偉人」として顕彰することで、対立のダメージを薄め、薩摩閥の衰退を止められると考えたのではないだろうか。大久保利謙《としあき》（利通の孫）は、「一人は英雄、一人は政治家などと、割り切ってみても、二人の悲劇的対決の解決になるような、ならないようなことである。それに対して税所が『そこだ、それで安心した』といったのはまさに禅問答のようなものだが、そこに同時代薩摩人の切実な心情がよく出ているのである」と指摘する（『佐幕派論議』吉川弘文館）。藁《わら》をも掴むような思いで「禅問答」に縋《すが》ったのは間違いない。

西郷の顕彰は、「逆臣」のレッテルを剥がすことから始まった。松方正義は、西南戦争の三年後には、名誉回復（賊名の除去）を三条実美に願い出ている。一八八三年、七回忌が鹿児島と東京で営まれたように、西郷人気は衰えを知らない。後者が行われた浄光寺（南葛飾郡）は、西郷の死後二年目（一八七九年六月）に、勝海舟が「朝蒙恩遇夕焚坑《おんぐうふんこう》」（朝《あした》に恩遇を蒙り、夕べ坑《あな》に焚《や》く――朝にもてはやされたと思うと、夕には生き埋めになる）の詩碑（留魂碑）を建てた場所である。碑石は、後に、洗足池畔（現東京都大田区）にあった海舟の屋敷内（勝の墓の脇）に移された。

明治政府は、「維新の功臣」を「逆賊」の汚名に塗れさせて置くのは国民の不満を増長させると判断し、「大日本帝国憲法」制定（一八八九年二月一一日）の特赦をもって、賊名を取り除き、正三位を贈った。閣議に提出された贈位案（二月四日）は、「西郷隆盛　右は、大政復古の大功臣たるは茲《ここ》に贅述《ぜいじゅつ》を須《もち》いず。然《しか》るに、明治十年反乱の罪を以て官位褫奪《ちだつ》せられたり。願《おも》うに、今回大赦を行わせらるるに於ては、苟《いやしく》も罪を政事上に得る者は一切湔除《せんじょ》の恩を蒙《こうむ》るに至るべし。因《より》て同人の旧勲を録せられ、其嘗《かつ》て享受せし位階に拠《よ》り正三位を贈られ度事《たきこと》」と、贈位理由を明らかにしている（「公文類聚」）。維新までの功績に焦点を当てた「復位」（一八六九年九月の叙位）であり、死後、正二位（後に従一位）を贈られた大久保、木戸との「差」は明確に維持された。

顕彰事業の集大成として、上野に銅像が建立されている。西郷が「ヨゴレどん」（身なりをかまわないことの仇名）と呼び、「竹馬の友」とした吉井友実（一八九一年四月没）の尽力が目を引く。西郷と距離を置き、久光、大久保との関係を重視した自らの人生に対する後悔が、晩年を迎え、頭を擡げたのかもしれない。正三位の贈位を祝う祭典（芝公園）で、吉井が銅像建設を提案し、建設委員会（委員長・樺山資紀郷友会会長）が設けられている。銅像は、当初、宮城（皇居）の正門外に建てることが計画されたが、一部に反対の声が上がり、上野の地（明治天皇が下賜）に変更された。「平生好んで山野に遊猟する時の形状」に倣い、単衣《ひとえ》に脇差、犬を連れた姿の銅像（高村光雲作）が造られ、一八九八年一二月一八日、除幕式を迎えている。後に、城山公園（安藤照作・一九三七年）と鹿児島空港前（古賀忠雄作・一九八八年）にも、西郷像が建立された。

「ダメ人間」

名誉は回復されたが、大久保との対比の中で、西郷の実像は大きく歪められて行く。滅びゆく士族のリーダーとして、外征を唱え、政府を追われた、西洋文明の本質を理解できず、封建的国家を維持しようとしたなど、的外れの評価がなされた。維新への功績を評価しながらも、新政府における西郷を「ダメ人間」として捉える傾向が強い。松本清張は、「痴呆症の如くになった」

と酷評する（『史観宰相論』ちくま文庫）。一八九四年に出版された伝記『西郷隆盛』（勝田孫弥、全五巻）によって、その流れが作られた。大久保の日記など、「政変」の勝者たちの証言を基本にした伝記は、「最も権威ある一冊」として、後世の研究者に大きな影響を与えている。「大久保政府」を担った人々は、口を揃えて、西郷の実務能力をやり玉に挙げた。伊藤博文は、「西郷南州は天稟大度にして人に卓越して居って、そして国を憂うる心も深かった。徳望もあったが、政治上の識見如何と言うとチト乏しい様だ」と語っている（中央新聞社編『伊藤侯井上伯山県侯元勲談』）。大隈重信は、西郷は「破壊の勇者」ではあったが、建設は「得意」ではなかったと評価した（前掲『大隈伯昔日譚』）。

朝鮮半島の植民地化（一九一〇年）に際して、西郷は「征韓論のシンボル」としてクローズ・アップされている。併合を奉告する西郷南洲祭が挙行され、「先駆的主唱者」として顕彰したばかりか、南洲神社（鹿児島市）の境内には、「朝鮮石の塔」が建立された。上野の西郷像を歌った「東京銅像唱歌」（石原万岳作詞、納所弁次郎作曲・一九一一年）には、「征韓論の合わずして　一旦子弟に擁せられ／　西南の役を起しても／　赤き心は人ぞ知る／　もとの三位を　復せられ／　子は侯爵の　栄を受く／　今朝鮮が　我が有と／　なりしも翁の素心」とある。

一族、側近を総動員

大久保を「大政治家」として顕彰する作業は難航する。一八七八年、「西郷の敵」として、石川県士族に暗殺された影響は計り知れない。暗殺犯の斬姦状は、一．世論を無視し、民権を抑圧して、政治を行う、二．法令を侮り、請託や公の行いを欲しいままにして、権力を笠に着ている、三．急がなくてもよい土木工事を行い、無用の建築をして、公金を浪費している、四．忠義の士を排斥し、国を憂い、敵を討とうとする士を嫌い、それによって内乱の素を作っている、五．外国との交際の方法を誤り、国家の権威を失墜させていると、五つの罪を指弾している（『朝野新聞』五月二五日付）。言論統制と人権抑圧を強めるなど、主権在民を担保した「西郷政府」の成果を台無しにした罪は軽くない。近代化のスローガンのもと、功利性を強めた日本社会と、精神性を喪失した日本人の在り方は現在も問われている。暗殺場所は、遭難碑（贈右大臣大久保公哀悼碑）の建立（一八八四年）後に、公園化（清水谷公園、一八九〇年）された。大久保の銅像（中村晋也作）が故郷・鹿児島に立つまで一世紀の時（一九七九年）を要している。

一九一〇年から翌年にかけて刊行された勝田孫弥の『大久保利通伝』（同文館）は、「維新の元勲」、「明治政府の建設者」としての評価を定着させた。伝記の末尾には、「政治家として最も責任を重んじ、進んで困難に当たりし忠誠に至りては、古今多く其比を見ざるなり」とある。西郷の「隠遁癖」と対比させることで、その責任を全うした「大政治家」のイメージを作ろうとした意図は隠せない。顕彰事業には、一族、側近が総動員されている。大隈重信は、一九一二年に出版された『大久保利通』(松原致遠編、新潮社)の序文で、「大久保利通は、わが王政維新(明治維新)の際における偉大な政治家である。真摯で誠実なまさに東洋的な英雄であることに加えて、一線一画も実行の範囲を逸脱しないというまさに実行力の政治家である」と激賞した。同書は、一九一〇年一〇月一日から翌年四月一七日まで、九六回に渡り、報知新聞(現在の読売新聞)に掲載された記事「大久保公」を纏めた一冊である。家族、政府閣僚、岩倉使節団メンバーと、登場人物は多彩を極めた。

〝泉下での謝罪〟

内容を見ると、両傑の関係を「骨肉以上の仲」(松平正直)として強調する内容が目を引く。兵庫の海岸(一八六二年四月九日)で、「西郷と刺し違えようとした」と、松村淳蔵が証言したエピソードについては、「大久保の芝居」(井上清)と見なす識者は少なくない。久光に「西郷が過激派を扇動している」と讒言したことへの「言い訳」ではないだろうか。「友誼に篤き公」(千坂高雅)は、黒田清隆夫人(清・旧旗本中山勝重の娘)殺害事件(一八七八年三月二八日)に触れているが、大久保の対応には驚きを禁じ得ない。内閣会議（岩倉具視邸）において、「世間では大変八釜《やかま》しいそうだが、私には疑いがない。女房を殺した形跡はさらにない、どういう証拠からお調べなさる。私は全然不同意であるのみならず、黒田と私と同郷のものでかつ親友ですから、私は自分の身に引き受けて、そんなことはないことを保証いたします。この大久保をお信じ下さるなら黒田もお信じ下され」と、筋の通らない「身内びいき」論で、真相糾明と法に照らした処分を求める声を封殺した。公私混同も甚だしい。「黒田清隆が夜半に女房を蹴殺したのだ。何も蹴殺す気はなかったのだろうが、誤ってそういう事になったのさ」と、事件の核心に触れた千坂の発言部分（一〇月一八日と一九日の冒頭）は、「記者の筆記に誤りあり、ここに全部を取り消す」（松原致遠）として、削除された。「圧力」が掛かったと思われても仕方がない。

殺害原因については、黒田の「酒乱」が噂された。今で言うところのストレスではないだろうか。黒田は、「政変」の際、大久保に加担した事を大いに悔んだ。大久保に宛てた書簡（一八七三年一〇月二二日付）に、「西郷に対し恥じ入る」とも、「他日地下において謝罪するしかない」とも記している。〝泉下での謝罪〟とは尋常ではない。恩人を裏切り、自刃へ追いやった慙愧の念が日々強まり、酒量が増えたとしても不思議ではない。大久保は、「国事」のためには、止むを得ないことであり、「少しも恥じ入ることではない」と、返事を認《したた》めたが、黒田の心痛を和らげることはできなかった。閣議決定を覆す行為は、天皇に「真の忠誠」を尽くす人間であれば、絶対にできないことである（井沢元彦『ＮＨＫ歴史発見５』角川書店）。

「殺ってしまえ」

大久保に事後処理を任された川路利良（大警視）は、検死官と共に、墓地へ行き、棺を開けるパフォーマンスを行った。「他殺の形跡はない」と宣告し、すぐに蓋を閉じさせている。大久保が、死因を「病死」と公表させ、事件を有耶無耶にした行為は、側近たちが称賛する「公平さ」とは相容れない。「団団珍聞《まるまるちんぶん》」（一八七八年四月一三日付）は、黒田とわかる風刺画（開拓長官を想起させる「拓地」と大書きされた屏風を背景にした似顔絵）を掲載し、「たとえ何の仲長《なかちょう》でも、法で見るなら長髯《ちょうせん》でも車夫でも同じ事、それを勢夫《せいふ》が我儘勝手、力《つと》めて蔽《おお》い匿《かく》させんとは、きらわれ損の我が身かな」と、政府の真相隠蔽を揶揄している。

政治の都合によって、法律を蔑《ないがしろ》にする行為は、草創期の混乱が生んだ一時的現象に留まらず、明治政府の「悪習」となった。一八九一年五月一一日に起きた大津事件（ロシア皇太子襲撃事件）の例を挙げる。襲撃犯（津田三蔵）に対する法的対応が論議された際、陸奥宗光（農相）と後藤象二郎（逓信相）は、「裁判のことが困難だとすれば、一策がある。刺客を使って、犯人を殺し、病死と公表することは容易である。現にロシアでは時々こういうことが行われるのではないか」（五月一二日、帝国ホテル）と、伊藤に提案した（『伊藤博文秘録』平塚篤編）。現役閣僚が「暗殺」を口にするなど、言語道断である。伊藤は、「乙巳《ウルサ》保護条約」（第二次日韓協約・一九〇五年一一月）を締結する際、「あまり駄々を捏ねる様だったら殺ってしまえ」と、調印を拒む大韓帝国の参政韓圭卨《ハンギュソル》を脅した（西四辻公堯『韓国外交秘話』）。「国益」を標榜し、法律と秩序を踏み躙る風潮は、後世の政治家、軍人に受け継がれ、国を滅亡の淵に沈めてしまう。

三万坪の別邸

「約八〇〇〇円の借金があった」（伊藤）と、側近が強調した大久保の「質素な生活」も検証が必要である。彼は、霞が関（当時は麹町三年町）に本宅を構え、高輪に別邸を持った。明治政府は、一八六八年から翌年にかけて、大名二八一家の拝領屋敷を召し上げ、六〇〇〇軒に及ぶ旗本屋敷も没収したが、役人による「ぶんどり合戦」の様相を呈している。広い屋敷に、召使いを多数抱え、江戸時代の殿様顔負けの生活を送る要人も少なくなかった。大久保が霞が関（敷地二五〇〇坪）に建てた木造洋館（一八七六年竣工）は、イタリア製輸入家具を備えている。四月一五日に行われた天皇の臨幸は、大久保の権勢を象徴する出来事であった。『霞関臨幸記』（重野安繹）は、地勢が高爽で、東南はるかに品川あたりの海を望み、風船雲鳥が出没していると、天皇が眺めた風景を記している。「当時大久保参議の威勢隆々たりしを視て、其質素なるに敬服せずんばあらず」と、林董が洋館の「質素」ぶりを強調する感覚は解せない（前掲『後は昔の記』）。天皇の巡幸自体が、相応の土地と建物であることを物語っているのではないだろうか。当時の感覚からしても、洋館と輸入家具は贅沢以外の何物でもない。洋館の写真を見て、憤慨した西郷を念頭に置き、大久保を擁護しようとしたのは容易に想像がつく。

三万坪の広さを誇った高輪の別邸は論外である。大久保は、邸内を馬車で乗り回せるような道を造らせ、休日に子供と共に、ヨーロッパの貴族よろしく、ハイキング（行楽）を楽しんだ。当時、高輪のあたりが「大久保山」と呼ばれていた事実からも、周囲を圧倒する豪邸の姿が目に浮かぶ（大久保利謙《としあき》『日本近代史学事始め――一歴史家の回想』岩波書店）。側近たちは、外遊中に集めた果樹、野菜を植え、「実験農場」にしたと強弁するが、説得力に欠ける。「公私混同を嫌った」という大久保の姿勢はどこに行ったのであろうか。「実験農場」の看板を是とするならば、バブル期、「保養所」という名で、豪華な別荘を持った「社長族」となんら変わるところがない。遊園地顔負けの規模は、どこから見ても、「質素」とは無縁である。外遊から帰国後、大久保は朝食をパンで通し、ブランデー、鶏卵、砂糖をカクテルしたものを飲んでいた。お茶は、京都の玉露に限っている（佐々木克『大久保利通』講談社学術文庫）。庶民感覚と乖離《かいり》した食生活と言えるのではないだろうか。大久保の死後（一週間）、五代友厚が森山茂に送った書簡は示唆に富む。政府には「才人」のみ多く、「才」と「徳」を兼備する人がいないと嘆き、「世間の評を以てすれば、同公（大隈公）の華奢は、王后親王といえども敢えて及ばず。家屋の美は我邦未曾有の仕立にて、すでに壁に珊瑚を塗り込み、座に錦繍《きんしゅう》を連らね、実に驚歎せしむるばかりなり」と記している（『五代友厚伝記資料』第一巻）。王族なみの贅沢をしている大隈が、大久保の美徳を語るのは滑稽極まりない。

長幼の序

記事「大久保公」（前掲）の中で、三人の妹（石原きち子、山田すま子、石原みね子）は、利通が「鍛治屋（加治屋）町方限《ほうぎり》に生まれた」と、口を揃えた。次男（牧野伸顕）も、両傑は同じ町で生まれ、「学事も共に勉強した」と強調している。長幼の序が厳格な薩摩社会における年齢差（三歳）を踏まえると、両傑の関係を「竹馬の友」と称するのは無理押しの感を否めない。好評を博したNHK大河ドラマ『篤姫』で、若き日の両傑が対等の言葉を交わし、藩の将来を熱く論じる場面は、史実に反する。勝目清（元鹿児島市長）によると、薩摩地方では、一年の差があれば、年長者としての言葉を年下の者には使い、西郷は大久保を「一蔵」と呼び捨てにし、大久保は「吉之助さん」と呼ばなければならない（『さつま今昔』NHK鹿児島放送局編）。

西郷は、一八歳から、下加治屋町（戸数七六戸）の「郷中」のリーダーを務めた。通常、二〇歳過ぎで引退するところ、二四歳までその地位に留まったのは、群を抜くリーダー・シップの賜物である。「郷中」の一員として、西郷の指導を受ける大久保の立場を加味しても、両傑の〝対等な関係〟は成り立たない。鮫島志芽太は、『大久保利通日記』の最も古い記述部分（一八四八年元旦から一一月三〇日までの百日分、途中欠落あり）を検証した結果、「西郷」らしき名前は四回しか出てこないと指摘する（『国にも金にも嵌まらず・西郷隆盛新伝』サイマル出版会）。両傑は「顔を合わせない日がなかった」と、大久保家の娘たちが行った証言とは食い違う。川口雪篷《せつほう》（西郷家に同居した沖永良部島時代からの友人）によると、西郷が「爾汝《じじょ》の交わり」（貴様、お前と呼び合う仲）をしたのは、伊地知正治と吉井友実だけである。

下加治屋町と高麗町

西郷は、鹿児島市内を流れる甲突川沿いの下加治屋町（現在の鹿児島市加治屋町）で生まれた。伊地知正治、大山巌、篠原国幹、村田新八、山本権兵衛など、明治政府の要人を数多く輩出した下加治屋町は、「維新の揺籃地《ようらんち》」として紹介されることが多い。西郷の生誕碑は、一八八九年に、大山巌（西郷の従兄弟《いとこ》）らによって、高見橋下流の左岸にある出生地（山之口馬場――現加治屋町五番地の公園地）に建てられた。「西郷隆盛君誕生之地碑」の表文には、「ねがわくは後世のこの郷に生長する者　感発興起するところあれ」とある。同時に、「大久保利通君誕生之地碑」（大久保利通宅地跡）も建立された。西郷のものと同じサイズ、同じ形で建てられた事実からも、薩摩閥の苦心が窺い知れる。

大久保の生誕地は、高麗町《これ》（現在の高麗町《こうらい》）である。甲突川を挟んで、下加治屋町の対岸にあり、川外の高麗町から川内の下加治屋町へ行くには、「高麗橋」（一八四七年に完成した四連アーチの石橋）を渡らなければならない。橋の名称は、両側に存在した高麗人（朝鮮人）の町に由来するという（原口虎雄『鹿児島県の歴史』山川出版社）。大山綱良（西南戦争時の鹿児島県令）、海江田信義（有村俊斎）も同町で生まれている。海江田の母親（蓮子《れんこ》）は、利通誕生の折、大久保家に出産祝いを届けており、幼少期の彼を良く知っていた（東郷尚武《ひさたけ》『海江田信義の幕末維新』文春新書）。『大久保利通伝』（勝田孫弥）も、大久保が高麗町で生まれ、幼年期に下加治屋町へ移住したと記しているが、移住の年月日など、詳細は明らかではない。「天保十四年・鹿児島城下絵図」（鹿児島市立美術館蔵）によると、大久保次右衛門（利世）宅は高麗町にある。一四歳まで、利通が同町に住んでいた計算になるのではないだろうか。

高麗町は、薩摩藩が、政策として、朝鮮人を集団的に住まわせた場所である。この現象は九州の諸大名に共通していた。平戸藩の例を挙げる。一九九四年五月、朝鮮侵略の際、藩主（松浦鎮信）が熊川《ウンチョン》（現在の慶尚南道鎮海市《チネ》）から連行してきた陶工の霊を祀る供養塔が建立された。その碑文には、「高麗町に帰化、居住させ陶磁器作製に従事させた」とある。朝鮮人の居住地が「唐人町」と称されたケースも少なくない。佐賀市の唐人町（現在の唐人一丁目、二丁目付近）は、一八四二年、御用荒物唐物屋勘四郎が藩庁に提出した「御用唐人町荒物唐物屋職御由来書」によると、勘四郎の先祖（李宗歓《イジョンファン》）が始祖である。一五八七年、朝鮮の竹浦《チュクポ》沖で漁をしていたところ、遭難し、筑前国黒崎浦（現在の北九州市八幡西区）に漂着した。三〇〇年の歳月が、朝鮮人を日本人へと「変身」させたのは言うまでもない。古代薩摩国に存在した唐人町では、朝鮮人が陶器作りを生業《なりわい》としていた（『本朝陶器考証』）。

「大久保利通君誕生之地碑」が存在する場所が「おいたちの地」とされているのは、非常に紛らわしい（鹿児島県高等学校歴史部会編『鹿児島県の歴史散歩』山川出版社）。両傑が下加治屋町で生まれ、「竹馬の友」として、維新の大業を担った「理想の物語」は書き直す必要があるのではないだろうか。

二　一五日の閣議欠席

通説は、一四日の閣議で全てを言い尽した西郷は、一五日の閣議に欠席したと説く（勝田孫弥『西郷隆盛伝』）。当時の一次史料は、西郷の欠席を裏付けていない。宮島誠一郎が著した『国憲編纂起原』（明治一四年抄記）の例を挙げる。「十四日、内閣朝鮮事件大議論相始り、夜に入る、十五日、内閣朝鮮事件引続き大議論、今日在朝参議と大久保参議の議相分る、両日とも木戸参朝無之」と、木戸の欠席に言及しながら、西郷の動向には触れていない（傍点――筆者）。西郷の閣議欠席という「異変」が生じていたと仮定すると、外遊から帰国（七月）して以来、病欠している木戸の消息を伝えながら、西郷の動向に触れないのは不自然である。同書は、「明治初期を知る良書」としての評価が高い。尾佐竹猛は「我国憲政史の初期には、民撰議院設立の建白（明治七年）が光彩を放って居るが、その以前に於ける史料は殆んど欠如して居る、幸いに此書のあるありて、その欠点を補うことを得るのである」と指摘する（「国憲編纂起原解題」『明治文化全集――憲政篇』）。

『大久保利通日記』も、「十月十五日　十字（時）より参朝、朝鮮事件御評議これあり。昨日の議決せず、条公（三条）、岩公（岩倉）、今日まで御堪考これあるべしとの事にて、今日なおまた見込み御尋ねこれあり候に付き、小子に於ては断然前議を以て主張したし、外参議中に於ては、西郷氏の意に御任せこれあるべし、ことに副島氏、板垣氏断然決定の趣きにて、此上はなおまた御両人（三条、岩倉）にて御治定これあるべしに付き、参議中相控え候様御沙汰ゆえ一応引き取り候」と、閣議の経過を詳しく記している。詳細な記述だけに、西郷の出欠に触れていない事実が際立つ。参席を前提に、記述されていると考えるのが自然ではないだろうか。『岩倉公実記』（前掲）は、「翌十五日、前日の議を継き、之を討論す。隆盛前説を主張し甚だ力《りき》む」と、出席を確認している（前掲『征韓論政変』）。

大隈中座事件

一四日に起きた二つの「事件」に注目したい。一つは、岩倉とのやりとりである。朝方、岩倉の急使（訪問の意志を伝える）を迎えた西郷は、折り返し、使者と共に、岩倉邸を訪ねた。「今日の閣議は、君の一身上に関することだから、遠慮してもらいたい」とする岩倉に、「朝鮮問題は、国家の大事であって、断じて私事ではない。だから、一緒に閣議に出かけて、愚見を申し述べたい」と答えている。公私を厳しく別けた西郷の真骨頂ではないだろうか。その西郷が、翌日、「自分の意見は全て言った。後は、皆で決めて下さい」と言わんばかりに、国の行く末を決める公の仕事を容易に「放棄」するのだろうか。

もう一つは、大隈重信の「中座事件」である。西郷は、閣議中、外国人との先約を理由に、中座しようとする大隈を厳しく諫めた。その様子は、「大眼一睨、斯る国家の大事を議するに方り、区々たる一外国人との会宴の約ある位の事を以て席を辞するは何ぞ哉」と伝えられている（渡辺修二郎『東邦関係』一八九四年刊）。大隈を批判した西郷が、翌日の「斯る国家の大事を議する」閣議をはたして欠席するのだろうか。舌の根が乾かぬうちに、前日の発言と矛盾する行動を起こすほど、西郷は無見識、無責任な人間ではないと、筆者は考える。西郷に対する大隈の評価は厳しく、個人的感情を剥き出しにしている感は否めない。実務能力を買われ、参議に上り詰めた大隈と、幕末維新期の実践を経て、物事を動かすのは「人格」と悟った西郷は、決して混じることのない〝水と油〟である。西郷を「無能な人」に貶める上で大隈が果たした役割は小さくない。

「西郷が朝鮮で死ぬ事を願っていた」とする暴死渇望説の火元も彼に求められている（上田滋『西郷隆盛の思想』ＰＨＰ研究所）。ニア・デス体験（月照との入水自殺未遂）を持ち、二度の遠島生活など、〝地獄〟を覗いた西郷が、自ら死を望み、朝鮮へ行こうとしたとは考え難い。

一〇月一四日、大久保は、一．不平士族の反乱を誘発する恐れがある、二．戦費の負担が人民を苦しめ、抵抗を招く、三．政府財政が耐えられない、四．軍需品の輸入が国際収支を悪化させる、五．朝鮮と争うとロシアに漁夫の利を与える、六．外債の償却を怠るとイギリスの内政干渉を招く、七．条約改正が急務の時、国内体制の整備が最重点であると、七ヵ条の理由を挙げ、「少なくとも戦争準備ができるまで延期すべき」と説いた。なぜ使節派遣が戦争に結びつくのか、肝心な理由は明らかにしていない。延期論に終始し、日朝関係を進展させる具体的対案も示さなかった。国家間で問題が生じた場合、使節を派遣し、外交交渉を行うのは自然の流れである。事実、副島は清国へ行き、外交で問題を解決した。西郷使節の場合に限って、なぜ戦争に結びつくのか、説明が尽くされていない。西郷の地位（筆頭参議）を踏まえると、全権大使となり、朝鮮に赴けば、ハイレベルな視点から、国交問題に目途が立てられたのではないだろうか。

外交成果

大久保は、朝鮮問題が西郷の手で解決され、その存在感がより大きくなるのを恐れたと、筆者は考える。西郷の首脳外交が功を奏して、国交が正常化されると、条約改正を目指し、勇み足をした大久保のミスが浮き彫りになってしまう。帰国後、政権への影響力低下を痛感しているだけに、〝弱り目に祟り目〟となる。「外遊の失敗」を抹殺するため、「西郷使節の成功」を抹殺しようとしたとしても不思議ではない。外交懸案の解決は、国民の信頼獲得と権威向上に結びつく。

一八八四年に起きた「甲申政変《カプシンチョンビョン》」（日本が武力介入による政権交替を図った事件）の事後処理を巡り、李鴻章と天津条約を締結（一八八八年四月）したことで、伊藤博文の国民的人気は一気に高まっている。「今日新聞」（五月二〇日）が行った人気投票（各界の日本十傑）で、伊藤は政治家部門の一位を占めた。中野泰雄は、「甲申政変の後、天津条約の締結に際し、全権大使となったことが、伊藤を初代総理大臣としてピラミッドの頂上に持ち上げ、日清戦争による大陸侵略への道を開いた」と指摘する（『安重根と伊藤博文』恒文社）。二〇〇二年、ピョンヤンを電撃訪問し、日朝共同宣言を纏めた小泉純一郎元首相のケースは記憶に新しい。もし西郷が朝鮮問題を外交的に解決したら、その権威は大久保の及ばないレベルに達し、「日本のビスマルク」になる夢は潰《つい》えてしまう。

通説は、西郷が朝鮮に行けば、殺害されると説くが、根拠に欠ける。約五〇〇年間、文治主義を貫いてきた歴史、朝鮮政府が唱える「礼の外交」を鑑みると、丸腰の外国使節を殺害するなど考えられない。日朝交渉自体がその証である。議論は紛糾しても、暴力沙汰は一切起きていない。相良差使が東莱府との直接交渉を求め、門将の制止を振り切り、外出した「館倭攔出《クァンウェランチュル》」（一八七二年五月）の際にも、朝鮮当局は冷静に対応している。口頭での説得に終始し、武力を行使していない。日本人一行は、平素半日で済む道程を押したり、引いたりして、五日間かけて、東莱府に到着した。府使との面会は拒否されたが、食事と宿泊施設の提供を受けている。外務大丞花房義資《よしもと》は、一人の負傷者も出ていない事実を含め、事件の詳細を政府に報告した。西郷はもとより、大久保も、使節の殺害、さらに戦争など起こり得ないと承知していたと、筆者は考える。朝鮮政府が使節を殺害するという主張は、情報不足に基づく誤解というよりは、特定の意図を含む曲解としか言いようがない。江藤は、一五日の閣議で、「使者の殺害を前提に、戦いの準備をして使者を出すくらいなら（大久保の主張するような状況）、ただちに戦うべきだ」と、大久保の論理矛盾を突いた。平和外交（使節派遣）を説く西郷の前で、大久保が「戦争反対」を口実に、異を唱えるのは滑稽極まりない。〝冒険的な夫〟（西郷）を諌める〝用心深い妻〟（大久保）という構図を描くために、西郷の「欠席」が後付けされたのではないだろうか。

始末書

一五日、西郷が欠席する代わりに、「朝鮮派遣使節決定始末」（始末書）を提出したという説も疑わしい（勝田孫弥『西郷隆盛伝』）。「鹿児島県歴史資料センター黎明館」には、一七日付の始末書が所蔵されており、没後五〇年に際して、刊行された『大西郷全集』（一九二六年）、没後一〇〇年に際して、刊行された『西郷隆盛全集』（一九七六年）にも、一七日付として収められている。閣議後、経緯を纏めることで、名分条理を明らかにし、速やかな派遣を促そうとしたと考えるのが自然ではないだろうか。感情に流され、「卑怯者」と罵り合った議論の余波が拡大することも憂慮したのは想像に難くない。「佐賀の乱」が収拾された後、岩倉が大久保に宛てた書簡（一八七四年四月六日付）には、「さて西郷大将は昨年十月十七日条公（三条実美）へ差し出し候建言（遣韓使節決定始末書）一紙内々に一覧に入れ候。今日にては、もっとも不用に候えども同氏には初めより決して征韓これなく、使節のみにて人事を尽くし、その上にも彼より無礼をもって答え候は、内国の軍備数年の間に整備し、その上討罪との事に候」とある。国内の混乱を踏まえ、元筆頭参議の復帰を望んでいたのは間違いない。岩倉は、臨終（一八八四年）に際して、副島種臣に「あの時、西郷さんを朝鮮へ行かせればよかった。一生の不覚である」と告白したという。「政変」の勝者たちは、終生、西郷に対する負い目から逃れることができなかった。「第一南洲翁の議論はこの際大義名分を明らかにして置こうという使節派遣論で、決して征韓という事ではなかった」と、西郷の〝汚名〟を晴らす発言をした伊藤のケースは興味深い（横山資英「伊藤公最後の南洲談」『日本及日本人』一九一〇年九月号）。一〇一年前、ハルビンで暗殺（一九〇九年一〇月二六日）される直前の談話である。歴史を歪めたまま、人生を締め括ることはできないと、予感していたのであろうか。

始末書は、派兵が原因で戦争が起きては、朝鮮との国交を回復するという最初の趣旨に反する、朝鮮に国交樹立の意思がないことが確認されるまでは交渉は続ける、朝鮮の暴挙、不正が審らかになる前に、日本が朝鮮の非を責めるのは、互いの不信感を募らせると、徹頭徹尾、交渉による問題解決を目指す姿勢を明らかにした。軍事に外交を先行させるのは、彼の一貫した政治スタイルである。江戸城無血開城は、交渉を重視し、武力行使を最大限回避した結果にほかならない。西郷は、江華島事件に触れ、人事を尽くさず、戦端を開く大久保の手法を批判している（篠原国幹《くにもと》宛書簡一八七五年一〇月八日付）。「意図的挑発」と判明した江華島事件は、朝鮮を踏み台にして、日本を「一等国」にする野望の第一歩であった。

「書面による密談」

西郷の真意を巡り、始末書を軽視し、板垣宛書簡に重きを置く傾向に疑問を持つ。前者は、筆頭参議として、三条太政大臣に提出した意見書であり、公的性格が強い。朝鮮問題に対する政治家西郷の見解と解決法を纏めた文書であり、今で言うところのマニフェスト（選挙公約）に匹敵する重みを持つのではないだろうか。他方、板垣宛書簡は私書にすぎない。明治期、中流階層以上の人々は、個人的使者による書状の交換を行っていた。森鷗外の処世書『智恵袋』には、「書を遣るには特使を発すると郵便に託するとの二途を用いよ」とある。使送便（切手なし）とも呼ばれる私書は、政治家が交わす書簡の九割以上を占めた（佐々木隆『伊藤博文の情報戦略』中央公論新書）。筆者は、私書を「書面による密談」として捉える。直に会い、会談するより機密保持性が高い。「政変」に向け、伊藤が木戸孝允に宛てた書簡（一八七三年九月二五日付）の末節には、「此書御一読相成候へば其儘御焼却、又は此裏に御答御座候へば御認御返却奉願上候。如斯《かくのごとき》小事より大事を損せん事而巳《のみ》を恐れ申候」と記されている。秘密漏洩を極度に恐れた伊藤の姿が目に浮かぶ。「大事」が、西郷、江藤を政府から追い出す陰謀であるのは言うまでもない。私書の性格を踏まえると、板垣宛書簡における「矛盾」も腑に落ちるのではないだろうか。出兵論を唱える板垣の支持を得るために、西郷が方便を弄した可能性は排除できない。

板垣宛書簡が残った経緯にも疑問が湧く。煙山専太郎は、所蔵の文書書翰を尽く焼棄していた板垣の状況に触れ、「然るに奇なるかな、明治六年征韓論閣議の際に於ける西郷翁の書翰十通、会《たまたま》、難を免れて伯の手下にあり、これ西郷翁、当時の真心を吐露せるものにして、寔《まこと》に天下の至珍なり」と指摘する（『征韓論実相』）。「政変」二年後（大阪会議・一八七五年二月）、板垣は大久保と和解し、参議に復帰した。西南戦争について、「今回の挙たるや、大義を失い名分を誤り、実に賊中の賊たる者にして、前の江藤前原が輩《やから》より数等の下級に位せり……僅《わずか》に自己の私憤を発洩《はっせつ》せんとして人を損じ、財を費し、而して逆賊の臭名《しゅうめい》を万載《ばんざい》に流すとは吁《ああ》何の心ぞや」と指摘し、〝私憤にかられた西郷〟を罵倒している（「東京曙新聞」一八七七年六月二〇日付）。

機を見るに敏な言動を踏まえると、書簡が「たまたま」手元に残ったとは考え難い。

『征韓論実相』は、副島種臣にも触れ、「生前、征韓論に付て、何事も語るを好まれず、且、当時の文書記録の如きも、多くは焼棄して毫も保存せられざりければ、年来伯に昵近せし人々すらも、殆、之に付て知る所なきなり」(序言)と記している。外交責任者の「沈黙」が真相を闇に葬る一因となったのは論を俟たない。副島は、庄内藩士が刊行した『南洲翁遺訓』に、「南洲翁遺訓一巻は、区々たる小冊子なりと雖《いえど》も、今の時に当って、故大将の威容の厳と、声音の洪とを観るに足るあるは、独り此篇の存するによる。噫《ああ》、西郷兄の何を以って蚤《はや》く死せる乎」と、序文を寄せている。君子副島なりの「罪滅ぼし」かもしれない。『大久保利通日記』も、一八七一年一一月一二日(岩倉使節団横浜出発の二日前)から一八七三年一〇月一四日(閣議初日)まで、「政変」に関わる重要部分が欠落している。不都合な史料は消失し、好都合な史料は「たまたま」残っている状況は不自然極まりない。

辻妻合わせの「偶然」

「政変」の勝者は、多分に「偶然」を装った。大隈重信は、報知新聞の連載記事「大久保公」(一九一一年四月一三日)において、「征韓論までは大久保、木戸(孝允)この二大英傑の心事は、とかく背馳しがちであったのが、西洋を巡回してきた結果、あの際には偶然にもこの二英傑の心事が一致したのだ。そしてあの勢いの熾《さか》んであった征韓論を阻止してしまった」（傍点――筆者）と指摘する（佐々木克監修『大久保利通』講談社学術文庫）。幕末維新の修羅場をくぐり抜けてきた両傑の経歴を無視した辻褄合わせである。西郷と江藤を排除するために、共同戦線を構築したのであり、決して「偶然」ではない。仲介役を果たしたのが、外遊中、大久保と外交失敗（条約改正）の〝傷を舐め合った〟伊藤である。岩倉に宛てた書簡（一八七三年九月二七日付）において、「両公両氏の合力ならでは何事も前途の方向は予め難定候」と、両公（三条と岩倉）と両氏（大久保と木戸）の「共闘」を求めた。三条を抜くと、外遊失敗から、政権への影響力を失ったメンバーである。伊藤は、松下村塾時代、吉田松陰が評価した「周旋の才」を発揮し、帰国後〝別居〟状態にあった「両氏」の〝復縁〟を実現させた。

木戸と危機意識を共有した大久保は、参議に就任し、主導権奪還へ動く。岩倉に宛てた書簡（一〇月二二日）において、「丁卯の冬（慶長三年）御噴発一臂のお力をもって基本を開かれた政権が、今日に至ってこうした大難を生じたが、偶然にも太政大臣代理になられ、責任の衝に立たれることも結局天の配剤というべきだろう。（中略）御苦労だが、がんばっていただきたい」（傍点――筆者）と、閣議決定を覆す違法行為へ向け、尻を叩いている。岩倉が太政大臣代理に就任したのも、綿密な計画の結果であり、「偶然」の産物ではない。

徳富蘇峰も、「征韓論の一件について、偶然にも木戸と大久保とは、その反対論において一致することとなった」（傍点――筆者）と、明治日本の進路を左右した重大事件のキーワードを「偶然」に求めている（『近世日本国民史』講談社学術文庫）。明治を代表するジャーナリストの資質を疑わざるを得ない。権力基盤を揺るがす問題を「偶然」に任せるほど、両傑は政治的見識に乏しいと評価していたのであろうか。大久保は、「執着力の強い性質」であり、権威、権力を盾にすることを常とした政治家である。自らの命運を左右する問題をあっさりと〝神の手〟に委ねるとは考え難い。

三　三条の「発病」

通説は、三条実美が心労で倒れた（一〇月一八日）と説くが、仮病の疑いは晴れない。『大久保利通日記』（同日）には、「三条公、今晩、就大病」とあるが、少なくとも、太政大臣代理（岩倉具視）を立てなければならない程の重病ではなかった。『三条実美公年譜』（巻二七）に「容体書の略」（二八日付）が収められている。一八日の条項によると、ホフマン医師の診察を受け、夜一〇時半には、「覚醒」し、「粥一碗」を食した後に、就寝した。食事が採れる状況は、「大病」とは言い難い。翌一九日の条項には、「ホフマン診察す。御軽快なり」とある。「雑奏す」と、自ら筆を取り、書簡を認めていた事実も見逃せない。二〇日に、「御異状なし」と、医師団の診断を受けた三条は、「追々快方」（二一日）、「大に軽快」（二三日）と、順調な回復を遂げた。

三条実美は、幕末期、急進的尊皇攘夷派と呼ばれた公家の一人である。一八六三年八月の政変で、失脚し、長州に逃れた（七卿落ち）のを機に、木戸孝允ら、長州閥と緊密な関係を築いた。大政奉還後、議定に就任したのを皮切りに、新政府の右大臣（一八六九年）、太政大臣（一八七一年）、内閣制度導入後の内大臣（一八八五年）と、常に権力の最高ポストを占めている。柔和温良な人物ではあるが、強い信念や意志が乏しく、薩長閥の「操り人形」となった感は否めない。「政変」の際も、薩長閥の危機を回避するために、一役買ったのではないだろうか。井上馨が伊藤に宛てた書簡（二一日）には、「コレアなどの事は、今回の発狂説をもって取り消すのが、大上策と愚考する」とある（井上侯伝記編纂会編『世外井上公伝』第二巻）。「発狂説」という表現が何を意味するかは明白ではないだろうか。

「政変」後、三条は西郷の復帰を画策（同年一二月）し、大久保の反発を招いている。翌年一月にも、内務省管轄下の警視庁幹部（坂元某と国分某）が、三条と岩倉の同意を得て、西郷復帰を図った。大久保は、「辞職」を振りかざし、彼らの意図を打ち砕いている。吉井友実の仲介（三月）、フランス（留学中）から呼び戻した大山巌の鹿児島派遣（一〇月）など、三条の復帰工作は続くが、実を結ぶことはなかった。

〝宮中クーデター〟

三条の「発病」を機に、正院評議（閣議）の決定は不法に覆されている。当時の評議は、多数決システムが導入されておらず、時間をかけ、全体合意の決議を目指した。閣議決定に承服できない場合は、辞職をもって、意志表示を行う。天皇の不裁可は、正院全体に対する不信任を意味し、総辞職に値する。本来、一五日に閣議決定された西郷使節派遣案は、同日、天皇へ上奏されなければならない。正院事務章程には、「内閣の議決すれば、即日本文の手続をなし、御批院允裁を経れば、翌日之を頒布するを恒例とす」とある。閣議決定は、太政大臣が「即日」鈴印し、天皇の裁可を受けた後、「翌日」公布されるのが慣例であった。天皇は、同事務章程を裁可するにあたり、とくに「能く之を守り、其の程限を愆《あやま》る勿《なか》れ」と、意見を付している。満場一致で決定された西郷使節派遣案は、八日間（二三日上奏）も放置された。「程限を愆る」こと甚だしい（毛利敏彦『江藤新平』中公新書）。

二二日、西郷は、板垣、江藤、副島（新任参議）と共に、岩倉邸を訪れ、上奏の手続きを促したが、拒否されている。二三日、岩倉は、閣議決定とは異なる「個人の意見」を上奏した。〝宮中クーデター〟以外の何物でもない。西郷は、「胸痛の煩いこれあり」と、辞表を提出し、郊外（小梅村にある旧鶴岡藩御用達越後屋の別荘）に身を隠す。薩摩隼人の潔さが際立つ。上田滋は、「不正義」がまかり通る政府に対する「愛想《あいそ》つかし」として捉えている（前掲『西郷隆盛の悲劇』）。二八日、西郷は、航路（横浜から）で、鹿児島に戻った（一一月一〇日）。

西郷が辞表を提出した時点で、天皇の裁可が下りていない事実を再確認する。二四日、「国政を整え民力を養い、勉て成功を永遠に期すべし」（勅書）と、天皇が岩倉の意見を裁可し、使節派遣は無期延期となった。従って、「西郷は征韓論に敗れ、下野した」という表現は正しくない。西郷使節派遣案は、正規のプロセスを経て、二度（八月と一〇月）も閣議決定された。議論の勝敗を問うなら、敗れたのは大久保である。辞表提出（二三日）が判明した時点で、大久保は黒田に書簡を送り、「辞表は今日西郷一人差出し相成りたる由に御座候、実に意外」と、本音を吐露した。反対派を一掃する目論みが外れたと焦ったのではないだろうか。二四日、板垣、江藤、後藤、副島の四参議が辞表を提出したことで、大久保の憂いは消えた。

「公憤」の包装紙

〝宮中クーデター〟の原因を「公憤」に求める通説には疑問が尽きない。司馬遼太郎は、両傑の間には「私怨」も、「低次元の利害政略感覚」はないと指摘し、対立原因を「公憤」に求めた（「毎日新聞」一九六八年一一月二六日、二七日夕刊）。辞書を引くと、「公憤」とは「正義感から発する、公の事に関するいきどおり」とある（『広辞苑』第六版・岩波書店）。明治政府が流布した「英雄」西郷像と「大政治家」大久保像に囚われ、両傑の人間的側面を見落とした結果ではないだろうか。大久保は、「私憤」を「公憤」の包装紙に包み、西郷を政府から追い出したと、筆者は考える。日本史を紐解くと、類似したケースは稀ではない。武田信玄は、父親（信虎）の不当な扱いに対する「私憤」を武田家の存続に結びつけ、「公憤」とすることで、父親追放という〝タブー〟に対する批判を封じた。「ビスマルク・プロシア」を手本にした国造りを目指す大久保にとって、西郷は「邪魔な存在」である。大久保は、強権政治（下院を四年間停止）を行い、軍備拡大を図った鉄血宰相の政治手法に魅せられ、ビスマルク髭まで生やした。「万国公法」を利用し、勢力拡大を図る「力の論理」に倣い、日本を「一等国」にする構想を抱くが、二年に及ぶ外遊のツケはあまりに大きい。留守政府の首班として、成功を収めた西郷の権威向上に反比例するように、大久保の影響力は著しく低下している。牙城であった大蔵省にも〝座る椅子〟がない。朝鮮使節派遣案を潰すことに活路を見出した大久保は、西郷に対する「屈折した感情」を「国の将来」（内治優先論）という包装紙に包み、閣議決定を覆す〝禁じ手〟を繰り出した。

「鹿児島の危機」（西南戦争）を放置した一事をしても、大久保の「公憤」には疑問符がつく。国民の生命、財産を守るのは政治家の最優先課題であり、「最大の公事《おおやけごと》」である。西郷は、幕末期、敵対関係を棚上げし、江戸市民一〇〇万を兵禍から救った（江戸城無血開城）。大久保は、郷土が戦場と化し、同胞が殺し合う惨劇を回避する動きをしていない。伊藤の「反対」を振り切り、西郷を訪ねていれば、敵味方合わせて、一万三〇〇〇人が死ぬことはなかったのではないだろうか。「佐賀の乱」を制圧するため、現地入りした例を見るまでもなく、政府内に大久保を止められる人物はいない。私学校徒の火薬庫襲撃事件（一八七六年一月）が起きた時、大久保は京都に赴くが、鹿児島に足を伸ばすことはなかった。「此節事端を此事に発《ひら》きしは、誠に朝廷不幸の幸と、窃《ひそか》に心中には笑いを生じ候位に有之候」（伊藤宛書簡二月七日付）と、権力強化のためには、国民の生命、財産を犠牲にすることも厭わない本音を吐露している。

歴史を彩る感情

人間の歴史は、精神という自然の所産であり、人間の内面を孕まない歴史は存在しない。明治維新の舞台裏を覗くと、「薩賊会奸《さつぞくかいかん》」（薩は薩摩、会は会津）を唱えた長州人など、人々の感情が複雑に交錯した世界が見えてくる。嫉妬心が大きなウエイトを占めているのは言うに及ばない。嫉妬は、社会的存在である人間の自然な感情である。人間は、社会生活の中で、自分の中に他者（個人、社会一般）を、他者の中に自分を見るという特性を持つ。他者を鏡に、他者との比較の中で自分を見るが、他者より劣れば、怨望、嫉妬し、他者より優れていれば、驕り、軽蔑してしまう。比較の対象が自己に近い存在であるほど、関係が密であるほど、嫉妬、もしくは高慢の感情は強くなる。源頼朝が弟・義経の才能に嫉妬し、死に追いやったケースは、その典型例かもしれない。日本史最大の謎といわれる「本能寺の変」においても、織田信長、豊臣秀吉、明智光秀の間に嫉妬心が交錯した。秀吉は、信長や、同僚たちの嫉妬を恐れ、自分の手柄に「幾分かの欠(ちょっとしたミス)を添えている。「人たらし」といわれるほど、人情の機微に通じていたからこそ、秀吉は天下人の道へ足を踏み入れることができたのではないだろうか。朝鮮でも、李舜臣《イスンシン》将軍がライバル(元均《ウォンギュン》)の嫉妬を買い、戦時(秀吉の侵略)にもかかわらず、投獄されている。

大久保も例外ではない。西郷という他者の中に自己を映し出し、嫉妬心と葛藤した。高柳毅は、「政治家としての西郷の人生は栄光と挫折と辛酸の繰り返しだが、その浮沈の節々に策謀家大久保の黒い影がチラついている。西郷の人と行動にまつわる謎のかなりが、西郷個人の過失や時代の流れといった要素だけでなく、周囲の人間たちの策謀や嫉妬や反感の結果である」と指摘する(『西郷隆盛七つの謎』新人物往来社)。沖永良部島への遠島処分(一八六二年四月)については、大久保の讒言、伊地知貞馨(後の堀次郎)の讒言、有村俊斎(海江田信義)の讒言と、意見が分かれるが、身近にいた友人、同志の讒言である事実に変わりはない。久光も、同五月、家老(喜入《きいれ》摂津久高)に宛てた書簡において、「一生返らざるの流罪」に触れ、「尤も当人(西郷)

の口気（言いぶり）は、讒口（告げ口）に候哉に申し候由、いよいよ以て不届至極の事に候」と認《したた》めている（『島津久光公実記』）。友人の裏切りに切歯扼腕《せっしやくわん》する西郷の姿が目に浮かぶ。

権力のトラウマ

大久保の人生は、西郷への憧憬（愛）と嫉妬（憎しみ）の狭間で揺れ動いた生涯である。「お由羅騒動」（後継藩主を巡る斉彬派と久光派の対立）の影響は計り知れない。父親は遠島（喜界島）に処され、自身も免職（記録所書役助《かきやくたすけ》）、謹慎（二一歳から二四歳まで）を命じられた。一家は極貧に喘ぎ、日々の食事に事欠く状態にあったという。権力の怖さがトラウマになったのは容易に想像がつく。池辺三山は、「大久保という人はいつも自ら政権の中心点を作って、いつもその中心に座り込んでいる」と指摘する（前掲『明治維新三大政治家』）。自らを権力に「同化」させることで、才能豊かな同僚たちへのコンプレックスを打ち消そうとしたのかもしれない。

斉彬による西郷の抜擢は、大久保の心を大きく掻き乱した。一八五一年、藩主に就任した斉彬は、参勤交代に際して、西郷を中小姓・定御供に登用している。江戸到着後は、近習小姓にも知られず、庭口から藩主の前に出て、直に言上できる庭方に任命した。斉彬は、「西郷のことを外々《そとそと》の者から聞いたが、粗暴で同役との交わりもよくないと誹謗する者も多い。だが（真に）

用に立つ者は必ず俗人に誹謗されるものだ。今の世に人の褒める者は、あまり役に立つ者ではない。郡方の勤務では使う道がない、庭方がよかろう」と、当時の状況に言及している（市来四郎編『鹿児島県史料――斉彬公史料（三）』）。「郷中」のリーダーを務めた西郷でさえ嫉妬された事実は示唆に富む。

西郷は、「二つ頭様《びんた》」（頭が二つあるぐらい賢い）と呼ばれる聡明な藩主のもと、その才能を開花させた。薩摩から日本へ、日本から世界へと、視野を広げることを学び、藤田東湖ら、有為な人材と交流を重ねて行く。「一流の人間」へと変身を遂げる西郷の活躍が国許へ伝わり、大久保の心を強く揺さぶったのは想像に難くない。綱淵謙錠は、「最良の主君を得た西郷の行動を大久保は強い羨望の念をもって、眩しい思いで眺めていただろう」と推測する（『人生覗きからくり』文芸春秋）。現代のサラリーマン社会に置き換えてみたい。昨日まで机を並べていた同僚が、有能な上司の引きで、突如、栄転し、業績を上げると、出世レースに身を置く人間は、〝天地がひっくり返るようなショック〟を受けてしまう。身近の人間が出世するのは、「人生最大の不幸」であり、羨望に留まらず、嫉妬の炎に身を焦がす。大久保も例外ではなかった。久光への接近はその証であり、斉彬と西郷の関係を久光と自身との関係に置き換え、将来を展望（打算を含め）した結果である。囲碁の素養を生かし、久光に接近するも、父親の遠島処分、自身の謹慎処分を決めた張本人の懐に飛び込むのは、相当の覚悟を伴う。斉彬と西郷の関係から、身分の低い者が天下の大事をなすには、「権力者の心」を捉える必要があると痛感した大久保は、大きなカケに出た（毛利敏彦『大久保利通　維新前夜の群像5』中央公論社）。目論見は当たり、徒目付（一八五七年就任）から、勘定方小頭、御小納戸、同頭取、御用取次見習、御側役へと、「出世街道」を一気に駆け抜ける。通常一〇年から二〇年は掛かる御側役に一年で上り詰めたインパクトは大きい。市来四郎は、「速《すみや》なる昇進にて、人皆恐怖いたし物議甚《はなはだ》しく候」と、日記に書いている（勝田孫弥『大久保利通伝』）。久光の「黒子」として、薩摩藩を倒幕へ向かわせた後の人生を含め、「権力を求めた大久保」と「権力に求められた西郷」のコントラストは強い。

「自己の正義」

「男の嫉妬」は、その特質として、「自分の中に正義がある」という自己正当化を伴う。「自己の正義」に対する確信が強ければ、強いほど、それを犯す者に対する攻撃力は増す。大久保も、ビスマルク流の国造りを「自己の正義」と信じ、西郷を、政敵として、排除する決断をした。一八七六年一二月二六日、川路利良が中原尚雄《ひさお》ら、鹿児島に派遣するメンバーに授けた「訓諭大要」（三四項目）には、「一体、大久保卿に何の罪があるというのか、外交問題の業績（台湾征伐）むしろ西郷よりも功績は上だ。それを憎むのは嫉妬であり、負け惜しみである」と記されている（傍点――筆者）。大久保政府が世間の声に敏感であった証ではないだろうか。徳富蘇峰も、「両人の間に嫉妬心とか、競争心とかいうものが両人を引き離した訳でないことはいうまでもない。彼らも人間であるから、かかるさもしき心は顕微鏡で試験をしてもその痕跡もないとまで保証することはできぬ。しかしこれが彼らの友情を始終するあたわざる原因と認むることは、断じてできない」と、わざわざ「嫉妬心」に触れ、大久保を擁護している（前掲『近世日本国民史』）。「顕微鏡」で見なければ分からないと、大見えを切れば切るほど、嫉妬が大きかったと裏読みしてしまう。

嫉妬が競争と進化の原動力として働くプラス面も無視できない。他人を羨む心が、自分自身もそのようになりたいという願望を呼び起こし、自身を叱咤激励し、自己研鑽を積ませる。嫉妬をバネに、功成り、名を残した偉人も少なくない。〝経営の神様〟松下幸之助は、「嫉妬心は狐色にほどよく妬くことが肝要である」と、加減の妙を強調する（『松翁論語』ＰＨＰ研究所）。嫉妬が過ぎると、憎しみに行き着き、時として、悲劇を呼び込む。「西郷の敵」として、大久保が暗殺されたのは、その一例にほかならない。マキャヴェリは、「いかに力量とやる気のある人物でも、人々の嫉妬心に妨げられると、事業を達成できなくなってしまう」と指摘する（『君主論』）。西郷は、大久保の嫉妬によって、朝鮮へ行く道、斉彬の構想（東アジア三国同盟）を実現する道を閉ざされてしまった。大久保も暗殺され、絶対権力を掌握する道を断たれている。日本では、絶対権力を追い求めた人物が非命に斃れるケースが少なくない。織田信長は、明確な青写真を持ち、改革に臨んだが、光秀の謀反に倒れた。「安政の大獄」を断行した井伊直弼《なおすけ》も、桜田門外に屍《しかばね》を晒している。「妬み、嫉みの文化」（山内昌之『歴史と政治の間』岩波現代文庫）が、権力の個人への集中、絶対化を嫌う政治風土を生み、育んだ結果ではないだろうか。

四　近代化への適応

通説は、西郷は近代化に適応できなかったと説くが、事実と異なる。「日本の近代化に一番貢献した人物」と、西郷を再評価する識者も増えた（福田和也『教養としての歴史　日本の近代』新潮新書）。西郷政府が多くの改革を行い、今日の日本が享受する繁栄の礎を築いた事実は誰も否定できない。封建的身分制度を撤廃し、近代的な土地、戸籍、教育、裁判制度を導入し、国の在り様を大きく変える一方で、鉄道、太陽暦など、先進文明を積極的に取り入れ、国民がその利便性を享受する土台を築いた。「最も能率的に仕事をし、社会変革を進め、政治を理想に近づけた第一級の内閣」という評価は当を得ている（勝部《かつべ》真長《みたけ》『西郷隆盛』ＰＨＰ文庫）。

大久保政府の殖産興業策も、西郷政府の成果の上に成り立つ。彼の功績として喧伝されている紡績工業の発展は、富岡製糸工場（一八七二年操業開始）など、西郷政府が播いた種を育てたにすぎない。大久保が成し遂げた仕事の多くは、木戸ら、他人の考えを実行したものと言えるのではないだろうか。谷沢永一は、「大久保が近代経済の育成にプラスになるような政策を打ちだしたという噺し文句をよく聞くけれど、具体的な証拠を示された覚えはない」と、辛口の評価を下している（『歴史街道』二〇〇四年七月号）。内務省を設置し、権力の集中を実現したが、暗殺によって、具体的政策を実行する時間を奪われたと見るのが正しいのではないだろうか。直接の部下であった渋沢栄一も、「国家の柱石」と言われる大久保は、「大蔵省の主宰者」でありながら、経済、財務理論に疎かったと、本音を吐露している（『雨夜譚《あまよがたり》余聞』小学館）。

人権確保における西郷政府の功績は外せない。「穢多《えた》非人等の称廃止令」（一八七一年八月二八日布告）を一例として挙げる。徳川幕府は、「穢多」、「非人」を置き、公的制度として、人間差別を認めた。中世期にも、「河原者」、「皮多《かわた》」など、差別を受ける民は存在したが、制度としては成立していない。江戸幕府は、圧倒的大多数を占める百姓に対し、「お前らより、もっと下の階層がいる」と、「穢多」、「非人」の存在を印象づけることで、百姓たちの身分制被差別意識を緩和させた（小和田哲男『日本人は歴史から何を学ぶべきか』三笠書房）。西郷政府が掲げた四民平等の理想のもと、法建的身分制度の束縛に喘いできた人々が、人権確保へ向け第一歩を踏み出した意義は小さくない。「人間が人間を差別するのは愚かなことである」と、遠島生活で悟った西郷の思いが反映されたと、筆者は考える。

言論の自由

民主主義の基本である「主権在民」の思想を具現するためには、「言論の自由」が欠かせない。西郷政府は、サムライによる「刀の支配」に終止符を打ち、「ペンの優位」を担保する道を切り開いた。「草莽《そうもう》の一小集議場也」と、新聞を「社会の公器」に育てようとする言論人の熱意が背景にあるのは言うに及ばない。一八七〇年三月一二日に創刊された日刊紙「横浜毎日新聞」を機に、新聞を「文明開化政策の一手段」として捉え、特定新聞紙の買い上げと各府県への配布、地方発送費の軽減など、育成に力を注いだ。「日新真事誌」(一八七一年五月創刊)、「新聞雑誌」(同年五月)、「東京日々新聞」(一八七二年二月)、「大阪新聞」(同年七月)、「山梨日日新聞」(同年一一月)など、一八七一年から七三年の間に、全国で八四種の新聞が発行されている(「文部省第一年報」一八七三年)。国民が自由にものを言える時代を迎えたのは疑いない。福沢諭吉は、「西郷政府」の二年間を、「国民は悦服して不平がましいこともなく、知識人らは言論の自由を享受して、自由闊達な主義論を発表して、最も楽しい期間であった」と評価する(『丁丑《ていちゅう》公論』)。

大久保政府は、一八七五年六月二八日、讒謗《ざんぼう》律と新聞紙条例を公布し、西郷政府の成果を台無しにした。政治家を公然と誹《そし》る者は、根拠のあるなしにかかわらず、罪人にできる悪法である。政府の意に沿わない新聞は廃刊に追い込まれ、政府批判を行う言論人は容赦なく逮捕された。法制局書記官井上毅と尾崎三良を揶揄した戯文を発表(一二月)し、禁獄四ヵ月の実刑を受けた「朝野新聞」の成島柳北など、三四人の記者(一八七六年一月から八月まで)が投獄されている。木戸孝允は、「天下の人心は今やまったく政府を信じていない。ただちに彼の二悪法を廃し、発論出版を自由にして天下の人心を安んずべきだ」と、大久保政府の姿勢を批判した。大久保は、「今、政府の力は日々に衰えている。そのとき言論の自由などもってのほか、速やかに元老院を廃し、政府が全権をとり、威権をもって天下を鎮静すべきだ」と、開き直っている(「評論新聞」一八七五年一一月)。

「大本営発表」に振り回された戦争中の暗い時代を振り返るまでもなく、情報を管理し、国民に何も知らせない政治は健全ではない。アメリカ軍の「核兵器持ち込み」に関する日米政府間の〝密約〟は典型的な例である。外務省有識者委員会の調査報告書(二〇一〇年三月)は、「広義の密約が存在した」と結論づけ、歴代自民党政権の〝ウソ〟を暴いた。昨年末には、佐藤栄作元首相が自宅に保管していた密約文書(『一九六九年一一月二一日発表のニクソン米大統領と日本の佐藤首相による共同声明に関する合意議事録』一一月一九日付)が発見されている(「朝日新聞」二〇〇九年一二月二三日)。「非核三原則」の国是を破り、国民を欺いてきた自民党政権の罪は大きい。朝鮮半島有事の際には、アメリカ軍が日本の基地から出動することも認めていた。「韓国が侵略を受けた際の在日米軍基地の使用」と題され、一九七四年七月にニクソン大統領が署名した政策決定文書（ＮＳＤＭ２６２）が米国立公文書館に存在（非公開）することは突き止められている（石井修『ゼロからわかる核密約』柏書房）。核密約について、官僚（外務省事務次官）が、政府のトップである首相、直接の上司である外相に対して、その存在を伝えたり、伝えなかったりした事実には驚かされる。「形式論としては時の首相、外相に必ず報告すべき事項だが、大きな問題なので、僭越かもしれないが、役人サイドが選別していた」と、議員内閣制に基づく民主主義のルールを蔑にした官僚の驕りは許し難い（太田昌克「日米核密約——安保改定五〇年の新証言」月刊『世界』二〇〇九年九月号）。情報公開法の施行（二〇〇一年四月）を前に、関連文書を廃棄させた官僚もいる。大久保政府に端を発した「国民に知らしても、ろくなことはない」とする思考パターンが霞が関の官僚に受け継がれた弊害は小さくない。

卓越した調整能力

西郷政府は、人材活用の妙を示した。江藤新平、大隈重信ら、優秀なテクノクラートは、西郷が政府の要として存在したらこそ、その能力を十二分に発揮できたと、筆者は考える。閣僚間の意見対立、部署間の利害対立など、藩閥政府が抱える難問は、派閥を超越した存在（西郷）を抜きにしては解決できない。一八七二年五月から七月まで、久光を「慰撫」するために、西郷が鹿児島に帰っている最中に、山県有朋の汚職問題に端を発した陸軍内の対立、財政に関する大蔵省内の紛争が再燃した。帰国後、西郷の手によって、事態が収拾された事実を踏まえると、その「権威」と「調整能力」が政府の安定に不可欠であったのは間違いない。大蔵省事務監督を兼任する西郷のもとで、実務を切り盛りした渋沢栄一は、「大西郷は、平常は至って人好きのする、柔和な容貌で優しみが溢れて居たが、一度意を決しられた時の容貌は、あたかも獅子の如く測り知られぬ程の威厳を備えて居られた。いわゆる恩威《おんい》（思いやりと厳しさ）並び備わるという御方であった」と回想している（『青淵回顧録』）。「情」と「威厳」を兼ね備えた重石が存在しなければ、政府は「船頭多くして船山に登る」状況に陥ったのではないだろうか。中江兆民も、「西郷がいたら自分の才能も十分伸ばせるところに使ってくれたろう」と嘆いた（「兆民先生」『幸徳秋水全集』）。西郷に「理想的な上司」像を見出したのは想像に難くない。西郷は、有能な部下を発掘し、仕事を任せるスタイルに徹した。西郷従道、大山巌にも当て嵌まる「薩摩的将帥の手法」である（司馬遼太郎『坂の上の雲』文芸春秋）。現代のビジネス社会でも、「西郷型上司」を好む傾向は強い。部下に仕事を任せると言いながら、思い通りにならないと、嘴《くちばし》を挟み、最終局面で責任を取ろうとしない上司は嫌われる。部下への信頼、相応の覚悟と忍耐がなければ、仕事を「任せ切る」のは容易ではない。西南戦争で、西郷は一切作戦に口出しをせず、桐野ら、部下に全てを任せ切った。「薩摩西郷どんな／仏か神か／姿見せずに／戦《ゆっさ》する」という歌が流行ったのも頷ける。

五　西郷使節の成否

通説は、西郷使節が成功した可能性は低いと説くが、首肯できない。問題が一挙に解決されないまでも、首脳レベルの交渉を通して、国交樹立を目指す力強い一歩が踏み出されたと、筆者は考える。清国との交渉が成功し、有利な環境も整備されており、事務方が積み上げた交渉に基づき、政治レベルで妥結を模索する首脳外交は一定の成果を収めたのではないだろうか。朝鮮との国交樹立後、清国と連携し、西洋列強と対峙するのは、〝夢物語〟ではない。「政変」の三年後（一八七六年二月二六日）、李鴻章は、森有礼《ありのり》（駐清公使）と会談した席で、東アジア諸国が、互いに親睦を結び、欧米列強に対抗しようと提案している。東アジア三国同盟の壮大なドラマは、理想を語り、その実現を目指す政治家本来の在り方にも適う。生まれ、育った薩摩の環境、島津斉彬から受けた影響、「敬天愛人」に象徴される思想信条、「和」を追求した政治スタイルを踏まえると、西郷が他国を侵し、富を略奪する道を是とするとは考え難い。隣国と手を結び、「力の論理」を振りかざす欧米列強に対抗するのは、「弱い者いじめ」を嫌う薩摩隼人の真骨頂ではないだろうか。

西郷は、鳥帽子《えぼし》、直垂《ひたたれ》の正装で、朝鮮へ行くと主張した。「その形を変へ、俗を易ふ。これすなわち日本の人と謂ふべからず」と、西洋化した日本に対する批判に真正面から応えようとしている。外交交渉の本質にも、日本人の美意識にも適うのではないだろうか。交渉相手と同じ土俵（礼の外交）に上がり、同じ目線で問題点を探ろうとする謙虚な姿勢がなければ、交渉事は捗らない。人生の重要な局面に正装で臨むのは、日本人の変わらぬ美意識である。高杉晋作は、鳥帽子直垂で、下関戦争（一八六三年）の講和に臨んだ。絹の帽子と、黄色の地に大きな淡青色の紋章（桐の葉と花）がついた礼服（大紋）を身に着け、日本古代の話を滔々と語ることで、イギリス海軍のキューパー提督を煙に巻いている。彦島租借問題を有耶無耶にし、植民地の危機を回避した功績は小さくない。西郷も、江戸期に築かれた日朝友好の歴史を背負う日本人の礼装で、新しい時代を迎えた日本人の代表として、交渉に臨もうとした。彼は、高杉に劣らぬ人格と能力を備えた人物であり、外交交渉術にも長けている。清国との交渉に成功した外務卿副島と比べても、何ら遜色がない。

大院君との共通基盤

交渉相手としては、興宣大院君《フンソンテウォングン》（李昰應《リハウン》）が想定される。一八六三年、次男（一一歳）が第二六代王（高宗《コジョン》）に即位すると、執政として、政治の実権を握った（以後一〇年間を「大院君執政期」と呼ぶ）。「大院君」とは、国王に即位できなかった国王の直系尊属に与えられる称号である。徳興《トクフン》大院君（第一四代王・宣祖《ソンジョ》の父親）、全渓《チョンゲ》大院君（第二五代王・哲宗《チョルチョン》の父親）も存在したが、一般的に、大院君と言えば、興宣《フンソン》大院君を指す。非公式な存在ではあるが、「国王の父親」という権威は高く、大臣たちも太刀打ちできない。

大院君は、「反日」一辺倒の政治家ではなかった。勝海舟（晩年）と親交を結び、紗《うすぎぬ》に懸崖《けんがい》の蘭（落款《らっかん》・八十老石道人）を描き、寄贈している。大院君を「一世の偉人」、その死を「朝鮮の一大不幸」と言い切るほど、海舟の評価も高い（『氷川清話』講談社学術文庫）。海舟を挟んで、西郷と大院君が繫がる構図が容易に作られたのではないだろうか。外川淳は、「西郷なら鎖国主義の大院君の心を動かすことができたかもしれない」と指摘する（『「幕末維新史」もう一つの読み方』ベスト新書）。両者の共通基盤を踏まえると、その可能性は決して小さくない。一八二〇年生まれの大院君（西郷より七歳年長）は、小柄な体躯（身長五尺強）に似合わず、豪快な性格の持ち主であった。英国人旅行家イサベラ・バード（一八九四年冬から九七年春まで、朝鮮各地を四回も踏査した）は、「豪胆」、「果敢」、「不撓不屈」、「自信満々」、「元気旺盛」という表現を使い、その人となりを伝えている（『朝鮮紀行』講談社学術文庫）。風雅を愛し、度量も大きく、「半島の猛虎」とも呼ばれた。二六歳で王朝に出仕し、厨院《チュウォン》、典医監《チョニガム》、造紙所《チョシジョ》など、実務的官職に就いた経歴を持つ。王族の四男ながら、「破落戸《パラクト》」（ごろつき）と呼ばれるほど、身を持ち崩した経験もあり、市井に通じている。郡方書役助《こおりかたかきやくたすけ》（税務署役人のアシスタントに相当）で、出仕して以来、入水自殺未遂、二度の遠島処分など、波乱万丈の人生を送った西郷と互角に渡り合える経歴の持ち主ではないだろうか。

　思想的背景も共通している。西郷は、藩公認の学問朱子学（理と知を重視）、「知行の一致」を唱える陽明学を学び、堯舜《ぎょうしゅん》（中国伝説上の聖天子）の「王道の政治」を目指した。江戸期、武士の子弟にとって、儒学は基本的素養の一つであり、それを通して、人生における「志」の大切さを学んでいる。西郷も、郷中、藩校（造士館《ぞうしかん》）の教育を通して、知識と徳性を兼ね備える「志士」に成長した。昌平黌《しょうへいこう》の儒官（帝国大学教授に相当）を務め、近世儒学の最高峰と評された佐藤一斎への傾倒は著しい。彼の著作『言志四録《げんししろく》』（言志録、言志後録、言志晩録、言志耋録《てつろく》）の手抄《しゅしょう》本（手抄言志録）を作り、自らの座右に置いた。儒教を奉じる朝鮮のリーダーと政治の理想を語り合い、認識を共有した可能性は大である。

弱者への眼差《まなざ》し

弱者、虐げられた人々の味方となり、大胆な改革を断行した共通点も外せない。大院君は、「抑強扶弱《オクカンプヤク》（強きを抑え、弱きを扶《たす》ける）の改革」のもと、両班が、その権威をもって、地方官に黙認させた脱税田の調査を命じ、両班と常民《サンミン》の区別なく、均等課税させている。「軍布制度《クンポチェド》」のもと、兵役の義務を負う常民が、免責の代価として、綿布を収めていたシステムを廃止し、両班（兵役免除）と常民の区別なく、一戸当たり二両を収める「戸布制度《ホポチェド》」を導入した。両班の特権を減らした分、国庫が潤ったのは言うに及ばない。西郷も、「上に厳しく、下に優しく」を基本に据え、薩摩藩改革を行った。門閥以下の家格称号を廃し、武士間の差別を無くした措置（一律平等の士族）は、薩摩七〇〇年の歴史を変えた画期的出来事である。禄制においても、都城島津家から三万四〇〇〇石を没収するなど、私領を二〇万二〇〇〇石から二万六〇〇〇石に削減（八分の一）し、没収分の中から五万七四〇〇石を二〇〇石未満の下級武士に分配した。古今東西、既得権益を侵す動きに対する抵抗は激しく、支配階層の特権にメスを入れる改革は困難を極める。自らの生活体験を通して、弱者の感情に触れた大院君と西郷だからこそ断行できた改革かもしれない。

社倉制度（穀物を備蓄し、貸与する）の導入も同様である。大院君は、一八六七年、人口が多い洞《トン》、里《り》に社倉を設置し、官吏ではなく、農民（村人の中から選ばれた誠実な人物）に管理させた。農業再生産のため、朱子が実施した救済策（朱子社倉法）に倣った制度である。西郷も、台風など、自然災害が多い絶海の孤島・沖永良部島（一八六二年八月から六四年二月まで）で、その導入を構想し、「社倉趣意書」を記した。島役人土持政照《つちもちまさてる》は、西郷の教えに従い、沖永良部社倉を設立（一八七〇年）し、窮民を救っている。一八九九年まで存続した社倉は、多い時には二万円の余剰金を出し、病院を建て、青少年の学費を援助した。

「長者」の存在感

通説は「西郷が朝鮮で殺害される」と説くが、説得力を欠く。西郷は、その存在感から、朝鮮でも「長者」として厚遇されたと、筆者は考える。身長が一八〇センチ、体重が一一八キロあったという西郷は、江戸、明治期における日本人の平均身長（一五五センチ）からすると、大柄であり、東洋的風貌と高潔な人格から発するオーラも大きい。イギリス公使館に滞在していたオーストリア人ヒューブナー男爵は、西郷をヘラクレス（ギリシャ神話の怪力無双の英雄）に擬え、「その眼は知性に溢れ、その容貌は活力に満ちている。無造作な身なりをしているが、どこか軍人の雰囲気を漂わせている」と、印象を語った（萩原延壽《のぶとし》『世界周遊記　遠い崖　アーネスト・

サトウ日記抄9』朝日新聞社）。内面から滲み出る武士の精神性を感じ取ったのは想像に難くない。九〇〇年に及ぶ武士道の伝統を受け継ぐ一方で、艱難辛苦を乗り越えてきた人物が発するオーラが「ノーブレス・オブリージュ」（高貴なる義務）を説く西洋の騎士を彷彿させる。異邦人をも魅了する感化力は、朝鮮でも効力を発揮するのではないだろうか。

西郷の存在感は、優れた大局観と結びついている。幕末維新期の重大事件は、大局を俯瞰《ふかん》し、政治の局面を一新する西郷の能力を抜きには語れない。「西郷の維新」と言われる所以である（内村鑑三『代表的日本人』）。「維新中の維新なり」（当時の流行語）とされた廃藩置県（一八七一年七月）も、「西郷がやることなら」と、大きな抵抗もなく、スムーズに行われた。日本史を紐解くと、松平元康（後の徳川家康）と同盟を結ぶことで、「天下統一への道」（天下府武）を切り開いた織田信長など、優れた大局観で、時代を大きく動かした偉人に事欠かない。西郷も、薩長同盟を実現し、維新の大業を成し遂げた。朝鮮でも、大院君と手を携え、両国関係の新しい局面を切り開いたのではないだろうか。

東アジア三国同盟

西郷は、東アジア三国が手を携え、欧米列強と対峙する壮大なドラマを描いていた。勝海舟が説いた東アジア三国同盟構想の影響は否定できない。神戸を起点とし、対馬を経て、朝鮮と清国を包合する同盟である。「朝鮮の議を論ず。我策は、当今アジア洲中、ヨーロッパ人に抵抗する者なし。これ皆規模狭小、彼が遠大の策に及ばざるが故なり。今、我が邦より船艦を出だし、ひろくアジア各国の主に説き、縦横連衡、共に海軍を盛大し、有無を通じ、学術を研究せずんば、彼が蹂躙《じゅうりん》を遁がるべからず。先ず最初、隣国朝鮮よりこれを説き、後、支那に及ばんとす」と、日本史上類例がないスケールを誇る「対等同盟」を提唱した（「海舟日記」一八六三年四月二七日）。織田信長、豊臣秀吉が描いた大アジア征服の夢とは一線を画し、朝鮮を有無相通ずる交易の対象、共存共栄の拠点として捉えている。伝統的な地域秩序が崩壊した時期に、国家、民族対等の立場から、東アジアにおける新秩序の構築を目指した「唯一の発想」としての評価は高い（仲尾宏『前近代の日本と朝鮮』明石書店）。海舟は、朝鮮の封建的支配体制も、明治維新に相当する変革に晒され、〝西郷隆盛のような人物〟が現われると予想した。〝朝鮮の西郷〟が出現しなかったのは残念極まりない。

西郷が人生の指針を学んだ『言志晩録』は、「愛敬の二字は、交際の要道たり。傲視《ごうし》して以て物を凌《しの》ぐこと勿《なか》れ。侮咲《ぶしょう》して以て人を調《ちょう》すること勿れ。旅獒《りょごう》に、『人を玩《もてあそ》べば徳を喪《うしな》う』とは、真に是れ明戒なり」（愛と敬の二字は、交際上で大切な道である。傲慢な態度で人を見下げるべきではないし、馬鹿にして笑ったりしてはいけない。『書経』の旅獒《りょごう》篇に「人を玩べば徳を失い、物を玩べば志を失う」とある。これは、実にすぐれた戒めである）と教えている（井原隆一『「言志四録」を読む』プレジデント社）。西郷が唱えた「敬天愛人」の思想がこの教えの延長線上にあるのは論を俟たない。「愛」と「敬」の二文字は、国との交際にも当て嵌まる。隣人、隣国を蔑み、支配する道は、天を敬い、人を愛し、徳を厚くする西郷の生き方に背く。西郷は、攘夷から開国へ転じた日本の体験を語り、日朝両国、そして清国が連携し、西洋列強に対抗しようと、大院君を説得したのではないだろうか。朝鮮政府が西洋文明を積極的に取り入れる必要性を説き、真摯な協力を約束したのは想像に難くない。東アジアの様相が一変し、「共生」の歴史に向け、力強い第一歩が踏み出されたと、筆者は考える。少なくとも、朝鮮が日本の植民地に転落する最悪のケースは避けられたのではないだろうか。

東アジア三国同盟の壮大なドラマは、西郷の優れた外交交渉力に支えられる。外交においては、自らが拠って立つ基盤、先人の軌跡を歴史軸に位置づけ、地域の多様性や感性を認識する空間軸に自己の活動、経験を重ねて行くことが欠かせない。西郷は、複雑に入り組んだ東アジアの歴史を正しく捉え、過去の対立（秀吉の侵略）から教訓を汲み取る知性と感性に富む。大院君と、胸襟を開き、東アジアの過去、現在、未来を語り合った可能性は否定できない。西郷は、戊辰戦争の事後処理が示すように、論理的に相手を屈服させるばかりではなく、妥協点を柔軟に探る能力に長けている。交渉相手を包み込む知性、相手の心を自己のものと同化する感性においいて、西郷に拮抗する人物はいない。勝部真長は、「西郷に学ぶべきは、戦わずして勝つ孫子の兵法を忘れず、大筋で五、六分の勝をとれば、その他は譲り、決して勝ちすぎずに話をまとめて、相手に憎しみを残さぬ、あの余裕である」と指摘する（前掲『西郷隆盛』）。西郷は、その知性と感性で朝鮮のリーダーを包み込み、小異を存《そん》して、大同につく方向、関係改善の道を目指したのではないだろうか。

あとがき

コリアンが西郷隆盛を語るのは無謀の誹りを免れないが、「韓国併合」一〇〇年という節目を迎え、難題にトライした。執筆過程は、日本と朝鮮半島との歴史的関係を再認識する機会となっている。今上天皇が「韓国とのゆかりを感じています」（二〇〇一年一二月二三日）と発言したように、朝鮮半島から渡来した人々を抜きには、日本国の成り立ちを正しく捉えることはできない。平城京遷都一三〇〇年を迎える古都・奈良をはじめ、日本各地に渡来人の足跡が刻まれているが、約四〇〇年前、文禄・慶長の役を機に、「拉致」されてきた人々の功績は抜きん出ている。有田焼、萩焼など、陶芸の礎を築いた陶工たち、土佐藩に豆腐の製造法を伝えた朴好仁《パクホイン》、熊本藩に製紙技術を伝えた道慶・慶春兄弟など、朝鮮人は地域社会に溶け込み、日本社会を豊かにした。その姿は、一〇〇年前、ブラジルに渡った日本人移民に重なる。一九〇八年六月一八日、「笠戸丸」でサントス港に着いた七八一人（一六七家族）は、文化の違いなど、艱難辛苦を乗り越え、ブラジル社会に確固たる地位を築いた。柿（ブラジル名 caqui）の普及は、気候風土の違いを克服した日本人の知恵と努力の結晶である。勿論、ブラジル移民に比べると、日本への「強制的移住」を強いられただけに、朝鮮人の苦難は大きかった。在日二世として、両親世代の苦労を知る筆者をしても、約四〇〇年前、日本に根付いた同胞の生活状況には想像が及ばない。ブラジル移民と同じく、勤勉性と創意工夫をもって、逆境を跳ね返したのではないだろうか。サンパウロに日本人の祖先を持つブラジル人が存在するように、韓国の慶尚北道大邱《テグ》市郊外（友鹿洞《ウロクトン》）にも、日本人の子孫（沙也可《さやか》の末裔）が暮らしている。筆者の拙い体験をしても、彼らが民族的偏見と差別を乗り越え、「共生」の歴史を刻んだ状況は容易に想像がつく。

残念なことに、日本各地に刻まれた朝鮮人の足跡は見え難くなっている。明治政府が侵略政策を本格化させる過程で、朝鮮蔑視の風潮を蔓延させた結果以外の何物でもない。司馬遼太郎は、「日本語のなかにかつて存在した中国人や朝鮮人への蔑称は、近代以後の発生である。彼らが近代に遅れて古ぼけて見えるところから出た蔑称で、明治以前には存在しなかった」と指摘する（「仄かなスコットランド」『春灯雑記』朝日文芸文庫）。朝鮮人を蔑む心は、朝鮮半島から受けた文化的影響を是としない風潮と結びつき、「共生」の歴史を闇に葬って行く。神奈川県大磯にある「高麗神社」が「高来《たかく》神社」に改称（一九〇五年）されたのは、〝朝鮮隠し〟の典型例である。「高麗」と同じ読みの「高来」（こうらい）へ、そして訓読みの「高来」（たかく）へ変えられた。今後、今上天皇の発言に倣い、「共生」の歴史を見つめ直す動きが活発になることを願ってやまない。

本書のテーマである「征韓論の変」において、出世の糸口を掴み、初代内閣総理大臣に上り詰めたのが、伊藤博文である。一世紀前、義兵中将安重根《アンジュングン》は、明成皇后《ミョンソンワンフ》暗殺（一八九五年一〇月八日・伊藤首相時）など、「一五の罪」を鳴らし、ハルビン駅頭で、明治の元勲に「恨《ハン》の銃弾」を放った（一九〇九年一〇月二六日）。日本と韓国（当時は大韓帝国）を含む、東アジア近代史における一大事件である。詩人石川啄木は、「吾人《われ》は韓人の哀れむべきを知りて、未だ真に憎むべき所以《ゆえん》を知らず」と、安重根に同情を寄せた（「百回通信」第一七回『岩手日報』）。韓国人学者呉《オ》英珍《ヨンジン》は、「われは知る、テロリストのかなしき心を」で始まる「ココアのひと匙《さじ》」（一九一一年六月一五日作）は、安重根を詠んだ作品であると説く（一九九三年）。

安重根が「東洋平和論」を唱え、アジアの平和と繁栄を促す具体的提案をしていた事実はあまり知られていない。日本、韓国、清国の三国による旅順港共同管理、共同銀行の設立、平和維持軍の創設を通して、共存共栄の道を模索した。人体に譬え、「日本は東洋の頭」と、その地位と役割に期待を寄せた事実は見過ごせない（平石義人高等法務院との単独面談録・一九一〇年二月一七日）。東アジアの情勢を客観的に判断し、物事を是々非々で判断した結果である。ハルビン監獄において、日本人と重ねた心の交流はコリアンの胸を打つ。安重根は、看守千葉十七の気配りに感謝し、死刑直前、遺墨「為国献身軍人本分」を贈った。宮城県仙台市にある大林寺には、遺墨を写した顕彰碑が立っている。典獄栗原貞吉は、夫人に安の死装束（白絹の韓国服）を仕立てさせた。争いと対立に彩られた歴史に抗するように、他者を思いやり、理解しようとする人間の尊い営みがあった事実を見落としてはならない。

近年、安重根を明治の元勲を暗殺したテロリストという一面だけで評価せず、独立運動の志士という視点から評価する日本人も増えている。「戦争の世紀」であった二〇世紀において、「東アジアの共生」を唱えた姿勢をより深く理解することが望まれるのではないだろうか。西郷隆盛に対する評価も同様である。本書は、後世が強いた「征韓論者」の呪縛から解き放ち、西郷が目指す「平和」と「共生」の輪郭を示そうとしたが、その成否は読者の判断に委ねたい。西郷を〝三大悪人〟（豊臣秀吉、伊藤博文と共に）の一人として捉えているコリアンの評価を改める一助となれば幸いである。

第一章の執筆に際しては、姜在彦《カンジェオン》氏の著作『西洋と朝鮮　異文化の出会いと格闘の歴史』（朝日新聞社）、姜範錫《カンボムソク》氏の著書『征韓論政変』（サイマル出版会）から貴重なヒントを得て、朝鮮政府の動きなど、内容を参照、引用した。コリアンの後輩として、謝意を表したい。難解な引用文を、原意を損なわない限り、現代語訳にするなど、文章を平易に記述すべく務めた。日本が生んだ英雄西郷隆盛と朝鮮半島との関わりを見直し、「東アジア共同体」構想の基盤構築に向けた歴史認識の共有が進むことを願い、筆を置く。

高大勝（コー・デスン）

1953年、静岡県に生まれる。

1975年、朝鮮大学校（東京・小平市）外国語学部卒業。

著書に『伊藤博文と朝鮮』（社会評論社、2001年）、共著に舘野晳編著『韓国・朝鮮と向き合った36人の日本人』（明石書店、2002年、伊藤博文の項を執筆）、同編著『36人の日本人　韓国・朝鮮へのまなざし』（同、2005年、山県有朋、石川啄木の項を執筆）がある。

西郷隆盛と〈東アジアの共生〉

2010年8月22日　初版第1刷発行
著　者＊高大勝
発行人＊松田健二
発行所＊株式会社社会評論社
東京都文京区本郷2-3-10
tel.03-3814-3861/fax.03-3818-2808
http://www.shahyo.com/
印刷・製本＊株式会社技秀堂

Printed in Japan